Snow Man

—俺たちの歩むべき道—

going their own way

あぶみ瞬

太陽出版

プロローグ

今年の1月22日にSnow Man『D.D.』(avex trax)、SixTONES『Imitation Rain』(SME Records)でデビューを飾った彼らは、オリコンチャートで史上初、新人デビュー曲ミリオンセールス(初週132・8万枚)を記録。

さらに、発売から4ヶ月が経過した5月末でも売れ続けている。

「合算ではなく個別に発表されている〝Billboard JAPAN〟の累計売上枚数を見ると、5月24日付で『D.D.』95万7,973枚、『Imitation Rain』89万6,415枚と、Snow Manバージョンが6万枚ほど多く売り上げています。合算では185万4,388枚となり、Snow Man単独でのミリオンセールス、合算でのWミリオンの可能性も見えてきました」(音楽ライター)

すでにJr.時代の後輩ながら〝先を越された〟King & Princeのデビュー曲(約57・7万枚)を軽く上回り、デビュー曲初週歴代1位のKAT-TUN(約75・4万枚)さえも凌駕。

しかもこの記録が、新型コロナウィルス COVID-19の様々な影響下で叩き出されたものであり、何倍もの高い価値を誇ることは言うまでもないだろう。

そんなＳｎｏｗ Ｍａｎに関するビッグなニュースが飛び込んできたのが、緊急事態宣言が全国的に解除された直後の5月27日。

年内公開の映画『滝沢歌舞伎ＺＥＲＯ ２０２０ Ｔｈｅ Ｍｏｖｉｅ』が、Ｓｎｏｗ Ｍａｎ主演、滝沢秀明監督で製作されることが発表されたのだ。

「クランクインは夏の予定で、無観客で撮影する舞台パート、新たなアイデアで展開する物語パートの二部構成になるそうです。ジャニーズの舞台が映画化されるのは昨年3月公開の『映画 少年たち』に続いて2作目ですが、Ｓｎｏｗ Ｍａｎはそこでもダブル主演を務めていますが、ＣＤデビューの年に単独主演を務めるチャンスなんて、なかなか恵まれませんからね。メンバーはもちろん気合いが入りまくってますよ」（ＴＢＳテレビ関係者）

また監督の滝沢秀明もジャニーズのタレント出身者としては初めての〝本編〟監督で、『映画 少年たち』で製作総指揮を務めたジャニー喜多川さんの遺志を継ぐ、プレッシャーの大きな仕事に取り組むことになった。

「今年は7月・8月に新橋演舞場で上演予定の『滝沢歌舞伎ZERO』が中止になったことも、映画化の引き金。滝沢くんは『『滝沢歌舞伎』を一番理解している自分が、これまでにお見せしたことがないSnow Manの形を立体的に表現し、進化した『滝沢歌舞伎ZERO』でエンターテインメントの素晴らしさを皆様と共有させて頂きたい』――と言うほどですから、間違いなく全身全霊を込めた作品になるでしょう」（同TBSテレビ関係者氏）

さらにクランクインまでに岩本照の謹慎、活動自粛が解ければ、作品に参加することが可能。

ラウールは――

『〝2020年の日本で一番熱いパフォーマンスにしてみせる!〟――って、胸がドキドキしてる』

――と笑顔ながらも、

『でもやっぱり、それには照くんの存在が必要だよ』

――と、岩本の復帰を待ち望んでいる。

「先々まで残る作品ですからね。何とかクランクインまでに岩本くんの復帰が叶えばよいのですが……。ただ、現状では〝Ｔｗｅｎｔｙ★Ｔｗｅｎｔｙ〟のチャリティーソング『ｓｍｉｌｅ』が、いつどんな形でリリースされるかによりますね。何せ滝沢くんが直接Mr.Ｃｈｉｌｄｒｅｎの桜井和寿さんに頼んだ楽曲。それなりの扱いが必要なので、不参加の岩本くんがその期間中に復帰出来るかどうかは微妙ですから」（同氏）

とはいえ、その岩本照の自粛解除も、考え方によっては前向きな期待の一つ。
Ｓｎｏｗ Ｍａｎの勢いがＣＯＶＩＤ-19を吹き飛ばし、日本中を笑顔に変えてくれる日は、すぐそこまでやって来ているのではないか――。

目次

2nd Chapter ╳ Snow Man　57

3rd Chapter

Snow Man×

Snow Man

—俺たちの歩むべき道—

going their own way

1st Chapter

“9人”のSnow Man

深澤辰哉と岩本照——2人の間に育まれた〝深い絆〟

『康二たち3人がＳｎｏｗ Ｍａｎに合流する前の日、照が——
「アイツらの個性を否定するな。
認めよう。
そうしたらアイツらは自分に自信が持てる。
それはＳｎｏｗ Ｍａｎのレベルアップに繋がる」——って、
わざわざメールをくれたんです』

リラックスしてノビノビと活動して欲しい。1日も早くＳｎｏｗ Ｍａｎに慣れて欲しい——と願っているのに、そんな文面を見たら逆効果になる。確かに深澤辰哉の言う通り、岩本照は筋肉やプロテインの心配だけではなく、新メンバーにも気が回る筋肉（？）の持ち主だった。

深澤辰哉と岩本照、2人の関係について当の深澤は包み隠さず、こんな風に明かす——。

『そりゃお互いに中学生の時に出会った幼馴染みたいなもので、子供の頃から一緒ですからね。
照に限らず、ケンカしたこともありますよ。
めちゃめちゃ殴り合うような酷いケンカじゃないけど（笑）』

2009年にMis Snow Manに抜擢されて以来、メンバー6人がより近い存在になったのは、何も同じグループだったからだけではない。

6人はジャニーズJr.のグループには珍しく、1992年生まれが4人、1993年生まれが2人と、極めて近い年令構成で結成されているのだ。

ちなみに元メンバーの真田佑馬と野澤祐樹も1992年生まれで、ジャニーさんはあえて同年代のグループを作ったことが推測される。

『自分たちはあまり意識してなかったけど、
俺らがずっと〝ダメ〟の感覚でつき合ってきたのは、
年令だけ見てもある意味当たり前なんですよね。そんだけ年令が近ければ。
しかも誕生日で最年長の俺と最年少の阿部ちゃんが同期だし、余計にそう感じる。
ただMis Snow Man時代から照が俺たち6人の真ん中、
かつ先頭に立って引っ張ってくれたのは、
ますます感謝の気持ちしかありません。
アイツだから俺たちはまとまった』

良くも悪くも同年代で支え合ってきた6人は、2018年の夏、滝沢秀明から衝撃の告白を受ける。

それは滝沢がタッキー&翼の解散、芸能界からの引退、その後はジャニーズ事務所で主にジャニーズJr.の育成とプロデュースに関わるという、重大な決断を下した告白だった。

『正式発表の1ヶ月ぐらい前だったと思うんですけど、

「お前たちには俺の口から伝えたい」――と言ってくれて。

俺たちは驚く前にそのセリフに感動して、みんな泣いてました。

そうしたら滝沢くんが――

「俺はこれまで以上にお前らと関わるから。心配しなくても大丈夫だよ」――って。

今さら「そっちじゃないし！」とは言えませんよね（苦笑）』

さらにこの時、滝沢からの提案としてメンバーの増員を打診される。

しかしそれは、すでにメンバー間でも――

『弱点は克服するんじゃなく、補強するべきだ』

――と話し合われてきたことで、6人は「まったく反対する立場になかった」という。

『滝沢くんが僕らに何か大きな提案をする時、
だいたいは構想がまとまっているんですよね。
だから増員する人数もメンバーも決まっていて、
後は僕らの気持ち次第だって言われても、
実際には反対しても説得されてたんじゃないかな?
……まあ、そもそも賛成ですけど』

話はトントン拍子に進み、いよいよ岩本からのメールが発せられる。

『康二たち3人がSnow Manに合流する前の日、照が――

「アイツらの個性を否定するな。

認めよう。

そうしたらアイツらは自分に自信が持てる。

それはSnow Manのレベルアップに繋がる」――って、わざわざメールをくれたんです。

もちろん俺以外の4人にも届いてるけど、
そんなのメールじゃなくてグループLINEでいいと思いません？

照は――

「グループLINEだと3人が入ってきた時、それを目にするだろ？

不自然に削除するのも何だし、だったらそれぞれに送ればいいじゃん」――って。

わかりますか？

3人に「自分たちは気を遣われている」と思わせたくない。

マッチョのくせに細やかな神経の持ち主なんですよ（笑）』

――そう言って岩本の細やかな気遣いを称える深澤。

『アイツらの個性を否定するな。
認めよう。
そうしたらアイツらは自分に自信が持てる。
それはＳｎｏｗ Ｍａｎのレベルアップに繋がる』

『グループＬＩＮＥだと3人が入ってきた時、それを目にするだろ？
不自然に削除するのも何だし、だったらそれぞれに送ればいいじゃん』

『3人に〝自分たちは気を遣われている〟と思わせたくない』

――深澤辰哉はこのメールを読んだ時、2006年、岩本照との初対面を思い出したそうだ。

『生意気そうなヤツで。
でもなぜか、いつも目の隅で追いかけずにはいられない。
そんなヤツでしたね。
しかもアイツが視界にいると、なぜだかワクワクするんです（笑）』

何とも深い、〝2人の絆〟を感じるセリフではないか。

この先、たとえどんなことがあろうとも、深澤辰哉と岩本照、そしてＳｎｏｗ Ｍａｎ９人の結束が揺らぐことなど決してありはしないのだ。

ラウールを〝プロフェッショナル〟に変えた岩本照の言葉

『Snow Manに入った時、岩本くんに――
「お前は〝諦める〟ことに慣れるなよ」――と言われて、
その時は意味があまりわからなかったんだけど、
Snow ManのメンバーやSixTONESのメンバーと過ごすうちに、
少しずつだけど、わかり始めて』

グループ加入から1年でデビューが実現するのは、確かにジャニーズJr.としては〝エリート〟の部類に入るラウール。しかしSnow Manの中では圧倒的に恵まれた経歴だからといって、苦労をまったく知らないわけがないし、むしろ超速で勝ち抜いてきた才能そのものを評価されるべきだ。岩本照のセリフには、「お前はそのままでいい」――の意味も。

「ラウールくんがジャニーズJr.に入ったのは、彼が小学6年生の2015年。その時に先輩Jr.に誕生日を聞かれて答えたところ、間髪を入れずに『NEWSがデビューした年じゃん!?』とのリアクションが返ってきて、『(ジャニーズJr.は先輩グループのデビュー年を生まれた年に当てはめるんだ)』――と、そこで一つ目のルールを覚えたそうです」

某アイドル月刊誌ライター氏は、昨年の秋に〝デビューに備えて〟の心境をSnow Manメンバーに尋ねた時、ラウールから――

『岩本くんとか深澤くんとか、俺のこと嫌ったりしてないよね？』

――と、真顔で逆質問されたという。

「そんなことあるわけがありませんが、一応ラウールくんには何か思い当たる節でもあるのか聞いてみると、『特にないんだけど、俺が気づいていないだけかも』――と言うじゃありませんか。しかし勝手に一人でビビっているだけかと思いきや、実は〝もしかしたら……〟の予感はあるというんです」

(アイドル月刊誌ライター氏)

今さらながらの説明ではあるが、ラウールや目黒蓮、向井康二の加入を滝沢秀明ジャニーズアイランド社長に願い出たのは、他ならぬ岩本照だ。

6人の意見をまとめ、グループの総意として提出、そして了承されたからこそ、Ｓｎｏｗ Ｍａｎは9人での活動をリスタートさせたのだ。

「ラウールくんに〝どんな予感〟がするのか深く聞いてみると、Ｓｎｏｗ Ｍａｎ加入直後に岩本くんから食事に誘われ、いろいろと注意を受けていたようなのです。ラウールくんがＳｎｏｗ Ｍａｎメンバーとして活動していく上での〝守らなければならない約束事〟でしょう。本人はその約束を『**破ったつもりはない**』と言いますが、微妙な解釈の違いで『岩本くんや深澤くんを怒らせたのでは?』……と心配していたのです」（同ライター氏）

なるほど。しかしそれにはその〝約束事〟を教えてもらわねば、破ったかどうかの判断がつかない。

そう聞くとラウールは——

『**「他言無用」って、〝秘密〟の意味だよね?**』

——と、教えてくれなかったそうだ。

しかし実際にはそれは、未成年のラウールを守るため、〝仕事以外では一人で近寄ってはいけない場所〟であったり、〝グループＬＩＮＥで毎日の連絡を欠かさないこと〟などの約束のようだ。

岩本に誘われた、グループ加入直後の食事会の席で――

『Ｓｎｏｗ Ｍａｎに入った時、岩本くんに、
「お前は〝諦める〟ことに慣れるなよ」――と言われて、
その時は意味があまりわからなかったんだけど、
Ｓｎｏｗ ＭａｎのメンバーやＳｉｘＴＯＮＥＳのメンバーと過ごすうちに、
少しずつだけど、わかり始めて。
俺は他のみんなに比べて〝苦労〟や〝挫折〟の経験がないからこそ、諦める辛さも知らない。
でもきっと、ずっと知らないまま成長する人だっているはずだし、
いなかったら俺がその第一号になる。
そのために岩本くんは、一から俺の意識を〝プロフェッショナル〟に変えてくれたんです』

岩本から告げられた言葉が、ようやくわかり始めてきたというラウール。
その言葉の裏にはラウールの岩本に対する〝確かな信頼〟がある。

『岩本くんは、一から俺の意識を〝プロフェッショナル〟に変えてくれたんです』

ラウールは今、一歩ずつ〝本物のプロフェッショナル〟へと成長している――。

メンバーしか知らない〝リーダー岩本照の素顔〟

『たとえば俺らが朝から8時間ぶっ通しで稽古していても、照は――
「俺たちより1時間早くから始めているヤツらは、
今も俺らより1時間長く稽古してる。
休憩するのはもったいない」――と言ってやめないんです。
そういうアイツの背中を見てきたからこそ、
〝リーダーはアイツしかいない〟と思える』

滝沢秀明やスタッフ、関係者など〝大人〟が見ていないところで器用に〝手を抜く〟ことも、ジャニーズアイドルの知られざるテクニック。
しかしＳｎｏｗ Ｍａｎの場合、「ガチの〝手抜き嫌い〟をリーダーに選んだことだけは、ちょっとだけ後悔している」――と渡辺翔太は笑う。

渡辺翔太の口から語られた〝リーダー岩本照〟は、身近にいるメンバーだけが知る、まさに〝素顔〟。


『仕事の時の照とプライベートの照はまったくの別人。

俺もアイツのプライベートを詳しく知ってるわけじゃないけど、
よく遊んでるヤツに言わせると、人前だとカッコつけてしまうというか、

〝自分を豪快な男に見せたがる〟タイプらしいよ。

本当は嫌なのに、無理をしてでも〝NOを言わない男〟を演じちゃう。

だから今回の謹慎騒動についても、アイツのそういった性格がかなり影響してるんじゃないかな。

あくまでも俺が耳にした範囲では』

もちろんそれがプライベートの性格のすべてではないだろうが、では渡辺が最も目にする仕事面、
Ｓｎｏｗ Ｍａｎのリーダーとしてはどうなんだろう。

『さっきもお話しした通り、稽古を自分からは〝やめる〟と言わないだけじゃなく、
ライブのリハーサルも納得するまではやめないタイプ。
Jr.の時のリハーサルでも、スタッフさんと交渉して、
Ｓｎｏｗ Ｍａｎを最後（順）に回すことが多かった。
そういう時はメンバーみんな、
「（気になる部分があるんだな）」……と内心では思ってたし、
逆にリハーサル順が最後じゃなければ、
「（今日はすぐ終わる！）」――と小躍りしてたんじゃない？
特にさっくんあたりは（笑）』

リハーサルの順番が最後だと、持ち時間がないのと同じ（※つまり後ろがいない分、いつまでも稽古出来る）。

なるほど、わかりやすいといえばわかりやすい。

『あとちょっと困るのは、稽古やリハーサルを、ゲーム代わりにすること。

最初に休憩したり、バテたりするメンバーに、

『はい、ジュースごち！』――と言って奢らせたり、プチイベント化するのが好きですね（笑）』


何事にもめげない、屈しない性格と肉体は、まさに岩本照がリーダーに相応しい証拠。


『たとえば俺らが朝から8時間ぶっ通しで稽古していても、照は――

「俺たちより1時間早くから始めているヤツらは、今も俺らより1時間長く稽古してる。

休憩するのはもったいない」――と言ってやめないんです。

滝沢くんに「お前ら、身体を休めるのも稽古のうちだぞ」と言われて、
ぶつぶつ言いながらようやく休む。

やっぱりマッチョだけにあらゆることをストイックに突き詰めないと、
自分自身で納得出来ない部分があるんでしょうね。

でも、そういうアイツの背中を見てきたからこそ、〝リーダーはアイツしかいない〟と思える。

それはSixTONESの高地と同じですよ』

最後に、渡辺翔太が「それはSixTONESの高地と同じですよ」と引き合いに出した、高地優吾について触れてもらうとしよう。

『高地は皆さん知っての通り『スクール革命!』のジャニーズオーディションに合格したんだけど、
それがもう10年? 11年?……ぐらい前(※2009年5月)の話なのに、
ずっと番組に出てるじゃないですか。
〝番組オーディション合格者だから当たり前〟って言う人がいるかもしれないけど、
実はそんなことはまったくなくて、
番組オーディションだからこそ、番組の意思で〝卒業〟させることも出来る。
内村さんやザキヤマさん、オードリーさんにずっと可愛がられてるのは、間違いなく高地の人徳。
SixTONESのメンバーもバカレア組以降、そんな高地の安定感に支えられてきたからこそ、
ジェシーでも樹でも慎太郎でもなく、高地をリーダーに選んだんだよ』

Snow Manメンバーにとっての岩本照、SixTONEメンバーにとっての高地優吾。
どちらも〝なるべくしてなった〟リーダーなのだ。

向井康二が上京を決意した〝岩本照の笑顔〟

『一昨年の秋頃かな、
「年が明けたら俺が上京してＳｎｏｗ Ｍａｎに入る」っていう話が進んでいた時、
実は何度かメンバーに会うて、事前にいろんな話や本音を聞かせてもらったんです。
正直、俺自身がデビューに向けて勝負を賭けるには最後のチャンスやし、
〝きっとＳｎｏｗ Ｍａｎも同じような環境にあるんやろな〟……と、
頭ではわかっていても、
関西人が東京に行くの、みんなが想像する以上に怖いんです』

向井康二が恐れていたことの一つが、受け入れ側の反応。すでに全員が了承していたとはいえ、いざ顔を合わせた時にどんな反応をするか。その不安を吹き飛ばしてくれたのが、リーダー・岩本照の笑顔だった。

関西で活躍したお笑い芸人は、たいていの場合〝全国区の人気者〟になることを目指して、東京の芸能界に活躍の場を求めて上京してくる。

そうしたお笑い芸人を数多く抱える吉本興業とは番組制作を通して「20年来の関係」という大阪在住放送作家氏は、向井康二とも「10年来ぐらいの」知り合いらしい。

「向井くんはほとんど誰にも話さず上京したので、新メンバーとして発表された後の収録は、さすがに少々騒がしかったですね。彼は東京進出が失敗したら〝大阪に戻れる〟芸人の上京とは違って、まさしく背水の陣で臨むと話していた。『東京に骨を埋める。その覚悟しかない』――とも。当初、移籍話が浮上した時から『その覚悟がまとまらない限りは行かない』――と公言していましたから」

(大阪在住放送作家氏)

仮にSnow Manのデビューが流れ、2年後あたりに解散に至ったとしても、向井は「じゃあ、関西Jr.に戻りま～す」とは言えないということだ。

『関西には芸人さんとのコネクションが結構あるから、主に芸歴5年ぐらいの若手に聞くと、みんな基本的には「東京に行きたい」とは言ってます。
でも同時に、「怖いから時期まではわからない」……とも』

さすが当時は関西ジャニーズJr.を代表する売れっ子ゆえに、直接話せる芸人も多岐に渡る。

だが若手芸人の〝怖い〟と向井のそれは、根本的に違っていた。

『俺は単純に「東京に移籍してどうなるのか?」や、

「元のSnow Manのメンバーはどう思ってはるのか?」とか、

〝上京することそのもの〟が怖い。

でも若手芸人さんは、

「東京で売れず、関西に戻った時が怖い。

上手くネタに出来へんかったら、誰も負け犬を見ても笑ってくれない」――のが怖いと。

いくら職種が違っていても、その理由の違いは新しい発見でしたね』

お笑い芸人は「笑われてナンボ」とよく言われるが、お客さんの笑いにも種類があり、出戻った後の〝哀れみの笑い〟だけは欲しくないということか。

向井の場合、お笑い芸人とは理由は違えど、地元関西を離れる恐怖については同じだった。

『一昨年の秋頃かな、

「年が明けたら俺が上京してSnow Manに入る」っていう話が進んでいた時、
実は何度かメンバーに会うて、事前にいろんな話や本音を聞かせてもらったんです。

正直、俺自身がデビューに向けて勝負を賭けるには最後のチャンスやし、

〝きっとSnow Manも同じような環境にあるんやろな〟……と、頭ではわかっていても、
関西人が東京に行くの、みんなが想像する以上に怖いんです。

そうしたら照くんが――

「いいんじゃん。失敗して関西に戻ったたって。

それはそれで向こうの番組でネタになるし、絶対に何か学べるよ」――って、
爽やかに笑ったんです。

その瞬間ですかね？

〝上京する価値〟を感じたのは』

――当時を振り返ってそう明かした向井。

『モジモジ……というよりウジウジしている俺に、照くんが――

「いいんじゃん。失敗して関西に戻ったって。

それはそれで向こうの番組でネタになるし、絶対に何か学べるよ」――と言ってくれた時、
最初に脳裏に浮かんだのは、大阪に出戻った若手芸人の姿でした（苦笑）。

でも俺はちゃんと照くんから勇気をもらえた。

あの言葉が背中を押してくれて、俺は今ここにいるんです』

岩本照の言葉で勇気を得た向井康二は、上京する決意を固める。

そして今、Ｓｎｏｗ Ｍａｎメンバーとして、向井は輝き始めた――。

目黒蓮が岩本照に明かした〝引き際宣言〟

『デビューしたばっかりで何ですけど、
俺は将来、アイドルやタレント、アーティスト、パフォーマー……
そういう職業から身を引くタイミングを、実は今から考えているんです。
まとめて言うとそれは〝目黒蓮のパフォーマンスが出来なくなった時〟』

まるで超一流のアスリートが自らの引退を決意する時のような、目黒蓮の想い。それだけ自分のパフォーマンスに自信と誇りを持っている、その証拠に他ならない。

「目黒くんは僕に話してくれたことと同じことを、岩本くんにも話したそうです。『怒られるかもしれなかったけど、自分がどんな人間かを岩本くんに理解して欲しかった』――のが、その理由だったとか。2人で食事している時に恐る恐る話したら、意外にも岩本くんから『いいんじゃね? 蓮は〝自分を持ってる〟ってことだから』――とのリアクションが返ってきて、感動するほど嬉しかったそうです」

目黒蓮とは元〝宇宙Six〟時代から交流がある日本テレビ制作ディレクター氏は、

「彼は自分の生き方や姿勢を認めてもらえることが何よりの喜び」

――と、目黒の性格について明かしてくれた。

「彼を外側から玉ねぎのように剥いていくと、まだ中心にしっかりと固い芯が備わっているわけではないので、途中で〝これ以上は見せたくない〟境界線と遭遇します。その境界線を踏み越え、彼の本心に触れられる人間はまだまだ少ない。それゆえ、なかなか理解され難い面はあると思いますね」

(日本テレビ制作ディレクター氏)

目黒と向井康二、それにラウールの3人は、滝沢秀明ジャニーズ事務所副社長が〝認知度を高める〟ため、数々の番組にブッキング。

一方で〝クイズ王〟の道まっしぐらの阿部亮平と同じグループとして比較されるので、「視聴者にはSnow Manがいかに幅広く、引き出しの多いグループかを印象付けている。テレビを知り尽くす滝沢くんらしい戦略」（テレビ情報誌デスク）と評価が高い。

しかしそんな中、その先遣隊ともいえる目黒からの、まさかの〝引き際〟宣言。

もちろんどれほど早くても10年、20年先のことだろうが、場合によってはSnow Manの勢いに水を差しかねない。

「いえいえ、それはあくまでも〝将来こんなことが訪れたら〟……のフィクションで、本人もそうならないためにストイックにレッスンに取り組んでいます。それに何よりも岩本くんが目黒くんのことを〝**自分を持ってる**〟と評価しているのですから」（同ディレクター氏）

当の岩本本人は目黒の〝引き際宣言〟について、こう語っている――。

『マジに自分に対する覚悟の表れだろうから、俺はそういう蓮を応援する』

その言葉を聞いた目黒は――

『岩本くんの期待を裏切りたくない。
これまで以上に自分を磨かないといけない』

――と、誓ったとか。

そうか、岩本は目黒の性格を理解した上で「どうリアクションすれば、目黒にとって良い結果になるか」を考えて、目黒に言葉を返したのかもしれない。

『デビューしたばっかりで何ですけど、
俺は将来、アイドルやタレント、アーティスト、パフォーマー……
そういう職業から身を引くタイミングを、実は今から考えているんです。
まとめて言うとそれは〝目黒蓮のパフォーマンスが出来なくなった時〟。
俺が俺自身に満足出来なくなれば、キレイに身を引くしかない。
だからそうならないために、毎日ストイックに自分に磨きをかけていきたいんです』

目黒蓮のパフォーマンスにますます磨きがかかった時、Ｓｎｏｗ Ｍａｎのグループ力も今以上にさらにスケールアップされているはずだ。

〝勉強キャラ〟阿部亮平を後押しした岩本照のひと言

『自分で「Jr.の頃から〝勉強キャラ〟を作ってきた」って言ってるけど、照の後押しもすごく力になりました』

自ら望んで〝勉強キャラ〟を極めた秀才の阿部亮平だが、そのキャラクターに迷っていた時期、「そのままでいいんじゃね?」と背中を押してくれたのは、実は岩本照だったのだ。

「阿部くんと岩本くんは同い年で、入所こそ阿部くんのほうが2年ほど早いですが、誕生日は岩本くんが半年早い。Ｓｎｏｗ Ｍａｎ全体の活動以外はあまり重なることがなかった2人ですけど、話を聞けば〝さすが盟友〟と納得するエピソードでした」

深澤辰哉と同期になる阿部亮平は、2人揃ってジャニーズJr.入所から5年目でＭｉｓ Ｓｎｏｗ Ｍａｎ、8年目でＳｎｏｗ Ｍａｎ、15年目でデビューが決まり、16年目でＣＤデビューと、なかなか香ばしい経歴の持ち主だ（※ちなみに○年目の表記は年号に合わせてあるのでご了承を）。

「中学生の頃から秀才だった阿部くんは、高校は都立の難関進学校、都立駒場高校（偏差値68）に進みます。ちょうど高校に進学した時にＭｉｓ Ｓｎｏｗ Ｍａｎに抜擢されますが、何せ相手は都立有数の進学校。Jr.の活動と両立させるのはかなり大変で、満足な活動をすることが出来なかった。しかし高校生ですから、まだメンバーも〝芸能活動を優先出来る学校に移って欲しい〟とまでは言えませんでした」

話してくれているのは、ジャニーズJr.の内情に詳しいテレビ朝日プロデューサー氏だ。

「さすがに阿部くんが大学、それも『一般入試で上智大学理工学部に進みたい』と明かした時は、ほとんどのメンバーが反対に回ったそうです。阿部くんが高校を卒業し、〝これでMis Snow Manの活動に専念してくれる〟と願っていたので。ただし仮に高校の時にジャニーズを辞めていれば〝東京大学に合格していた〟と言われる秀才だけに、〝浪人はしない〟条件でメンバーは譲るしかなかった」（テレビ朝日プロデューサー氏）

一方、当然のようにご家族は「ジャニーズを辞めさせたい」と考えていたかと思いきや、少し反対した後はわりとアッサリ「本人の自主性に任せる」と認めてくれたらしい。あるいは反対はポーズで、最初から認めるつもりの〝優しさ〟だったのかも。

「阿部くんがなぜそこまで頑なに〝勉強キャラ〟を貫き、一般入試で合格したことはもちろん、在学中に気象予報士資格や世界遺産検定2級を取得するに至ったのか。そこには中学生の頃、岩本くんにかけられたひと言が影響を及ぼしていたといわれています。もちろんそれ以外にも理由があったでしょうが、〝なぜかずっと心の片隅に残っていた〟そんなひと言だったとか」（同プロデューサー氏）

それを証明するのが、阿部のこの言葉だ――。

『自分で「Jr.の頃から〝勉強キャラ〟を作ってきた」って言ってるけど、照の後押しもすごく力になりました。

「阿部ちゃんはいいよな、頭が良くて。俺とか勉強キャラになりたくてもなれないもん」

——と言ってくれたひと言で、

「なりたくてもなれない人の分も極めないと！」——って気がついたんです。

照はそこまで先読みしていたかどうか、それは謎ですけど』

——おそらく岩本照は覚えてもいないのではないか。

「阿部くんもそう言ってました。でも高校入学でＭｉｓ Ｓｎｏｗ Ｍａｎ、大学入学でＳｎｏｗ Ｍａｎの活動が始まり、周囲に何を言われてもひたすら堪え忍んだ阿部くんの毎日の中に、岩本くんの励ましがあったとすれば、それはとても素敵な思い出だということです」（同氏）

これまでで一番嬉しかったのは、大学院修了時にメンバーが祝ってくれた時のことだという阿部亮平。

反対されていたからこそ、メンバーの心を自分の力で動かした〝Ｗの達成感〟だったに違いない。

そして、あの時かけてくれた岩本照の言葉を、阿部は一生忘れることはないだろう——。

リーダー岩本照に捧げる8人の想い

『まず照はすごく気が回るヤツで、俺が少しでも悩んでいると、
すぐに「ダテくん、帰りに飯行こうよ」って声をかけてくれるんです。
すごく不思議だったから聞いてみたら、
「俺はメンバーが一人で悩みを抱えてる姿が好きじゃない。
悩むなら一緒に悩みたいだけ」
――って、顔を真っ赤にして照れながら話してくれたんですよ』

積極的な自己主張が苦手な宮舘涼太にとって、岩本照のように〝顔色で察してくれる〟仲間は貴重な存在。失礼ながら岩本はメンバーの顔色で察する繊細な心遣いをするタイプだとは思っていなかったが、なるほどそれゆえにリーダーなのだ。

「宮舘くんがジャニーズJr.に入ったのは2005年、中学1年生の時でした。対する岩本くんは翌2006年、こちらも中学1年生でジャニーズJr.入り。そんな2人は2009年にMis Snow Manのメンバーに選抜されますが、この頃からの6人の絆がなぜ強いのかというと、それはグループに真田佑馬くん、野澤祐樹くんという純然たるWエース候補がいたから。批判を覚悟で言うと、表向きは8人グループでも実際には〝2人+引き立て役の6人〟。後に真田くんと野澤くんはnoon boyzとして『笑っていいとも』の通しレギュラーになり、2012年からは6人のSnow Manに。そこでますます結束が強くなったわけです」

フジテレビ『7G』出演をきっかけに宮舘涼太の相談相手になっている人気放送作家氏は、岩本照の無期限謹慎が発表された数日後、宮舘が落ち込んでいるのではないかと心配になり、こちらから電話をかけてみたそうだ。

「声は普通でしたが、さすがにあまり会話が続かないというか、今はあまり〝人と喋りたくない〟雰囲気でした。それでも電話を切らず、話し相手になるのが僕の役目ですけど」（人気放送作家氏）

しばらくすると放送作家氏の様子に何かを感じ取ったのか、宮舘は――

『Aさん（放送作家氏）も照のように〝気遣いの人〟ですね』

――と口にしたという。

「別に岩本くんがわがままだとか傍若無人だとか、そんなことは思っていません。でも少なくとも〝気遣いの人〟には微妙な違和感を感じたんです。僕は岩本くんをそんな風には見ていなかったので……。そこでメンバーから見た岩本くんの素顔と僕の印象のギャップ、そこに興味が湧いたんですよ」（同放送作家氏）

確かに言われてみれば、岩本には視聴者に与える「これ」というイメージが少ないように思う。

またテレビを見て「彼は気遣いの人だよ」と感じる方も（少ないだろう）。

もちろん、ファンの皆さんを除いての話だが。

「そんな僕のモヤモヤを察したのか、今度は宮舘くんのほうから岩本くんの話をしてくれたんです」（同氏）

口火を切ったのは、宮舘のこんなセリフだった――。

『まず照はすごく気が回るヤツで、俺が少しでも悩んでいると、すぐに「ダテくん、帰りに飯行こうよ」って声をかけてくれるんです。すごく不思議だったから聞いてみたら、
「俺はメンバーが一人で悩みを抱えてる姿が好きじゃない。悩むなら一緒に悩みたいだけ」
——って、顔を真っ赤にして照れながら話してくれたんですよ』

まさに岩本の知られざる一面であり、「顔を真っ赤にして照れながら」のあたりは、何とも微笑ましい関係性が見える。

だからだろう、宮舘涼太は——

『今度は俺が照を救ってやらなければ!』

——の想いに駆られているようだ。

『俺が照にやってやれること、力になれることは少ないかもしれない。
でも何もやらないわけにはいかないし、アイツはそんなこと思ってないだろうけど、
あの頃の〝借り〟を返すのは今しかない。
それぐらい強い気持ちでいます』

〝自分に何が出来るのか?〟――宮舘が懸命に考えた末の結論。
それは「岩本照が帰ってくる場所を守る」ことだった。

『8人で活動する間、それぞれが自分の120%を出して9人分の仕事をする。
照が安心して、堂々とSnow Manのリーダーで復帰出来るように。
俺たちは〝誰にも文句を言わせない〟結果を出す。
そうすれば照の居場所をキッチリ守れると思うんですよね』

今回の件で〝9人の絆〟はさらに強くなったように感じる。
今はただ、岩本照が戻る日が一日も早く訪れるように、8人で力を合わせてSnow Manを守るのだ。

〝9人でSnow Man〟

『うん。やっぱり寂しいね。
ウチら9人のセンターはラウールでも、〝裏のセンター〟は照。
左右に割れる時は〝4対1対4〟でキレイに対称になりたいのに、
しばらくは真ん中の〝1〟がなかったからね』

岩本照の謹慎を受け、すぐさま『D.D.』8人バージョンのフォーメーションを組み直し、まずはTBSテレビ『CDTVライブ！ライブ！』に出演したSnow Man。さすがパフォーマンスには定評がある彼らだけに、まるで最初から8人であるかのような連係を見せてはくれたのだが、しかし――。

「彼らの出番が終わった後、佐久間くんと深澤くんがやって来て『**同録（※生放送の番組を放送しながら録画した素材）見れますか？**』――と言うんです。生放送でも念のためにアーティストごとに同録を録ってはいたのですが、まさかすぐに〝見せて欲しい〟と頼まれるなんて。初めての経験でしたね」

3月30日に生放送された『CDTVライブ！ライブ！』担当ディレクター氏は、真剣な顔で頼み込む2人の勢いに押され、「楽屋に持っていかせます」と答えるしかなかったと振り返る。

「普通、生放送中に同録を見せて欲しいなんて、大物ミュージシャンでも言ってきません。仮に言ってきたとしても、番組が終わってからです」（『CDTVライブ！ライブ！』担当ディレクター氏）

しかも生放送に出演する場合、基本的にはどの事務所も自分たちの所で予約録画を済ませている。ジャニーズ事務所がそれを怠るはずがない。

佐久間はディレクター氏に――

『**8人でちゃんと出来ていたか、見たいんです**』

――と切迫した顔で訴えた。

佐久間の真剣な申し出を受けたディレクター氏は、

「〝確かに今日は気にならないわけがないな〟……と、サブ（副調整室）で手が空いているスタッフに持っていかせました」

いくらジャニーズ事務所のタレントでも、いかにジャニーズJr.歴が長くとも、歌番組のスタッフから見れば〝新人アーティスト〟にすぎないSnow Man。「新人のくせに何を言ってるんだ？」と、ヘタをすればディレクター氏をはじめ、現場スタッフの逆鱗に触れてもやむを得ない行動だが、それを許されたのは、佐久間大介の鬼気迫る表情だった。

佐久間は――

『ありがとうございます！
自分らの至らなかった点は、今日中に修正します』

――と、爽やかに叫んで楽屋に戻っていったという。
すると入れ替わるかのように滝沢副社長が入ってきて――

『わがままを聞いて頂き、大変申し訳ありません。
本人たち、少しでも良いパフォーマンスをお見せ出来るように精進しております』

――と、フォローを入れてくれたそうだ。

気になったディレクター氏はおよそ1時間後、自らの担当パートが終了すると同時にSnow Manの楽屋を訪ねたという。

「驚きました！ 楽屋の小さいモニターの前にメンバーが揃って、お互いにパフォーマンスの気になる点を指摘し合っていたんです。16才のラウールくんは先に帰宅したようで、佐久間くんがメモを取りながら、**『ここは明日ラウールに伝えておくわ』**――などと話していました。とても軽々しく声をかけるような雰囲気じゃなかったので、静かに退散しました」（ディレクター氏）

彼らはなぜ、そこまで8人でのパフォーマンスにこだわったのだろう。

そこにはやはり――

『9人でSnow Man』

――の気持ちしかない。

『うん。やっぱり寂しいね。
ウチら9人のセンターはラウールでも、〝裏のセンター〟は照。
左右に割れる時は〝4対1対4〟でキレイに対称になりたいのに、
しばらくは真ん中の〝1〟がなかったからね。
自分たちでも自分たちのパフォーマンスに物足りない時があるんだから、
ファンのみんなはなおさらじゃないのかな』

――本心を明かした佐久間。

8人のパフォーマンスでは「レベルが落ちる」などと言われた場合、その責任は8人にあるのではなく、8人でパフォーマンス〝せざるを得なくした〟岩本照に被らされてしまう。

佐久間は――

『どうしてもそれだけは許せない。
自分たちを許せない』

――の想いで、同録をチェックしていたのだ。

たとえ無期限謹慎になろうとも、岩本がいないＳｎｏｗ Ｍａｎなど〝考えられない〟のだから。
９人の絆と結束は、決して綻びることなどありはしないのだ。

Snow Man

―俺たちの歩むべき道―

going their own way

2nd Chapter

×Snow Man

深澤辰哉の迷いを打ち消した二階堂高嗣の言葉

『「SnowManは6人だろうが9人だろうが、
自分たちが正しいと思う方向に胸を張って歩いていけばいいんだよ」
——と励ましてくれたのが、
Kis-My-Ft2の二階堂くんでした』

新メンバーが加わった時の一部ファンの反応を気にし、Kis-My-Ft2の二階堂高嗣に相談した深澤辰哉。するとあまりにも明確な実例を挙げ、「大切なのは自分たちが〝これでいい〟と信じた道を進むこと」——と、胸のすくような答えが返ってきたのだ。

テレビ朝日でジャニーズJr.の番組を手掛けるプロデューサー氏は、昨年8月、Snow Manのデビューが発表された後、深澤辰哉から二階堂高嗣への〝感謝〟のセリフを聞かされたそうだ。

「Snow Manが9人で活動を始めて1ヶ月ほど経った頃、深澤くんは某ラジオ局のディレクターから〝リスナーのメールが過激化している〟との話を耳打ちされたそうです。要するに〝6人に戻せ!〟と。おそらくはずっと応援してきてくれた〝オリジナル至上主義〟的なファンでしょう」

（テレビ朝日プロデューサー氏）

ようやく気心も知れ始め、〝さあこれから〟という時の、ごく一部とはいえネガティブな反応。

深澤はそれらの愚痴を、Kis-My-Ft2の二階堂にぶつけたという。

その時、開口一番、二階堂は――

『いいじゃん。

俺らなんか中居くんのネタで舞祭組やらされたんだぜ!

まあ、喜んでやってたけどさ』

――と言って、自分の経験を話してくれたそうだ。

舞祭組が結成されたのは、すでに今から7年近く前の2013年10月。

当時のレギュラー番組『キスマイBUSAIKU!?』にゲスト出演した中居正広が、後列組の横尾渉、宮田俊哉、二階堂高嗣、千賀健永の4人をフィーチャーするため、4人グループでのCDリリースを提案。楽曲の提供を含め、プロデューサー就任を公言したのだ。

2013年12月13日の金曜日、新人ユニット〝舞祭組〟は『棚からぼたもち』でデビュー。以降、2014年7月に2ndシングル『てぃーてぃーてぃーてれって てれてぃてぃてぃ ～だれのケツ～』、2015年3月に3rdシングル『やっちゃった!!』、2017年1月に4thシングル『道しるべ』を発売し、さらに同年のデビュー記念日には1stアルバム『舞祭組の、わっ!』をリリース。

残念ながら2018年1月から2月にかけての単独コンサートツアー『舞祭組村のわっと!驚く!第1笑』を開催した後、実質的にはグループとしてのアーティスト活動を中断している。

実は今年2月、久々に4人での活動の場（舞台）が用意されたが、コロナ騒動で途中から中止になってしまった。

それでも二階堂は深澤に向かって――

『それもまた俺ららしい』

――と笑い飛ばし、深澤を「何て素敵な先輩なんだ」と感動させる。

「東京グローブ座で2月9日に初日を迎えた舞台『○○な人の末路～僕たちの選んだ××な選択～』でしたが、結局は2月28日以降、千秋楽まで中止に。それを『**俺たち持ってるよな。タイトルのまんま、〝○○な人の末路〟を辿ってんじゃん！**』――と、笑い飛ばしたのが二階堂くんでした」（同プロデューサー氏）

そこまでポジティブに解釈出来るとは、ブサイクどころか最高にイケメンではないか。

深澤はしみじみと――

『二階堂くんのメンタルが欲しい』

――と呟く。

『「Snow Manは6人だろうが9人だろうが、自分たちが正しいと思う方向に胸を張って歩いていけばいいんだよ」

――と励ましてくれたのが、Kis-My-Ft2の二階堂くんでした。

「俺たちはアイドルなのにブサイクと呼ばれて、ブサイクを売りにユニットデビューしたんだぜ? しかも堂々と胸を張ってな」

――と、舞祭組当時のエピソードをいろいろと話してくれました。

それを聞いたら〝自分たちはどうすればいいのか〟とか、全然大した話じゃない(笑)。

ファンのみんなは戸惑うかもしれないけど、胸を張って9人で活動したくなりました』

二階堂の言葉に、固くそう決意した深澤辰哉。

今はもう何の迷いもない。

〝9人のSnow Man〟として、自分たちが正しいと思う方向に、メンバー全員で胸を張って歩いていくだけだ。

滝沢プロデューサー流〝ラウール育成法〟

『俺がこの世界に入った後、最初に滝沢くんから教えてもらったのが、
「もし自分が間違ったことをしたら、
ちゃんと謝って素直に反省しなきゃいけない」――ってこと。
滝沢くんがすごいのは、その後に――
「ただし、寝たら忘れていいからな」
――と言ってくれたこと』

当時はまだアーティストだった滝沢秀明が、ラウールの才能と将来性を感じ、「どうやったら大成させられるか?」を考えた末の指導法。「大きくノビノビと、しかし自分のミスや間違いを素直に謝れる人間に育てたい」――そんな想いが込められている。

滝沢秀明はラウールと出会った時――

『〝ジャニーズJr.の質が変わる〟予感がした』

――そうだ。

今では目標は東京ドームではなく、「世界の檜舞台。ライバルはK‐POPアーティスト」――そう堂々と口にするJr.が激増している。

「どんな時代にも転換期があって、それは滝沢くんの言う〝質〟以外にも、たとえば〝嗜好〟にも表れています。今〝憧れの先輩〟を新人Jr.に尋ねると、すでに〝嵐〟と答えるJr.がほとんどいないのはもちろんのこと、数年前までは新人Jr.の一番人気だったHey! Say! JUMP山田涼介くんでさえ10人いて1人か2人。圧倒的に強いのは、平野紫耀くんと永瀬廉くんの2TOPです」(テレビ朝日関係者)

ラウールの入所あたりから、年代的にも変わりつつある新人Jr.の質と嗜好。

しかし、いくら時代が新しいタイプのジャニーズJr.を生み出すことになろうとも、ジャニーズの根幹をなすものは変わってはいけない。

それが〝礼節〟と〝謙虚〟だ。

『言われましたね、すごく。
口の聞き方や物事を知らないことは、とやかく言われなくても、
〝挨拶と礼儀〟、そして〝自分自身が常に謙虚でいる〟こと。
でも俺、最初の頃は挨拶と礼儀はわかるけど、
〝謙虚〟の意味がわからなかった。
だって周りはみんなライバルだもん』

謙虚さは自分自身の内面の問題であり、ライバルに対する闘争心まで謙虚にする必要はないが、当時のラウールには、その塩梅が理解出来なかったという。

『「〝自分が間違ったら謝る〟まずそこから始めよう」――と言われました。

俺はJr.に入る前に（ダンスコンテストの）チャンピオンになっていたから、ダンスについては譲れない部分が強くて、結構ぶつかっていたんです。

子供って頭では自分が悪いことがわかっても、一度意地を張ると無理。

滝沢くんはそこを理解してくれて、

「でも翌日まで引きずって、後ろのほうに引っ込む必要はない。

また前に出てガンガン踊れ」

――と言ってくれた。

俺は滝沢学校の劣等生かもしれないけど、先生の言うことなら信じられた』

やがて滝沢は、ラウールの〝もう一つの長所〟を伸ばす段階へと進む。

それがラウールの〝ボーカリスト〟としての才能だ。

『歌を歌うのも好き。昔よりも今のほうが好き。
それは滝沢くんや照くん、ふっかくんや翔太くん、
Ｓｎｏｗ Ｍａｎのみんなが褒めてくれるから。
みんなが俺の歌に耳を傾けてくれるから』

ラウールは滝沢がプロデューサーとして目指す方向へ、着実な成長を遂げている。

『他の誰にでも期待されるのは嬉しいし、それに応える自信も心の中には持っている。
ただし今は、まだまだ教えてもらわなきゃいけないことがありすぎるから、
一人の生徒として学ぶ姿勢はこのままでいたい。
……というか人間は一生学び続ける生き物だからね（笑）』

どうやらラウールはジャニーズの根幹をきっちりと理解し、さらなる昇華へと辿り着こうとしているようだ。

『俺がこの世界に入った後、最初に滝沢くんから教えてもらったのが、

「もし自分が間違ったことをしたら、ちゃんと謝って素直に反省しなきゃいけない」――ってこと。

みんなは「そんなの当たり前じゃん」と言うかもしれないけど、
個性と個性がぶつかり合う世界にいると、
自分から間違いを「間違い」と認めるだけで〝負け〟になることもあるんだよね。

だから素直になれない気持ちは、俺にもよくわかる。

それで滝沢くんがすごいのは、その後に――

「ただし、寝たら忘れていいからな」

――と言ってくれたこと。

「何日も反省しなくていいし、反省してる時間がもったいない」――って。

めちゃめちゃ気が楽になった（笑）』

ジャニーズ事務所に入所以降、いつの時代も〝スペシャル〟な存在としてジャニーズの中核にいた滝沢秀明。

その滝沢をして「才能の金太郎飴」というラウールが、次世代を掌握しないはずがないではないか――。

渡辺翔太が心待ちにする〝後輩ライバル〟

『俺らとSixTONESのデビューが発表されたコンサートの後、
ドームの控え室に戻ると、泣いてるJr.や、
俺らの所に挨拶に来て「おめでとうございます。自分たちも負けません」
――って挑発する系のJr.が何人かいたんだけど、
〝一体何のために泣いてるのか？　何の勝負をしたいのか？〟……
そういうヤツらの気持ちはさっぱりわからなかったし、
将来的にもまったく怖さを感じない』

渡辺翔太の口から溢れた、貴重な東京ドームコンサートの舞台裏。これまでほとんど語られなかったコンサート後の反応。

振り返って語る彼の本心とは――。

「なかなか濃い話が出来ました。すでにデビュー曲（『D.D.』）のMVも解禁されていて、後はデビューを待つばかりの頃でしたね」

渡辺翔太との食事会のエピソードを話してくれたのは、大御所の部類に入る放送作家氏。

少々回りくどい言い方になったのは、氏が本業の放送作家以外の活動も積極的に行っているため。

ちなみに渡辺との関係が始まったのは、あの手越祐也の紹介らしい。

「最初は手越くんに『**頑張り屋の後輩だから、何かチャンスがあれば（使ってやって欲しい）**』――みたいな紹介のされ方でした。でも渡辺くんは『**手越くんに何を言われたのかはわかりませんが、俺自身を見てダメだと思ったら無視してください**』――と、若手には珍しく芯が通った人物でしたね」（放送作家氏）

以降、基本的には〝手越抜き〟で、年に数回は食事をしているそうだ。

「前回の食事会は、渡辺くんのほうから『**デビュー曲を渡したい**』――と連絡をもらったのですが、僕もすでにオンラインショップで予約済みで、気持ちは嬉しいけど自分で買うのがエチケットだと断り、〝でもどうせならメシでも食おう〟と待ち合わせをしたんです」（同放送作家氏）

ちなみにどうでも良い話だが、この放送作家氏はギョーカイでもグルメで通っている。

「当日は代官山の小粋な和食屋をキープしました。残念ながら東京ドームのコンサートは遠慮したので、当日の様子をいろいろと聞きたいと思って。少し前の話ですが、渡辺くんにとっては初のドームコンサート。またコンサートの数日前に別の筋から〝デビュー発表がある〟とは聞いていたのでそう話したら、彼は『マジですか！ 俺ら（誰かに話すのを）めっちゃ我慢してたのに』――と、驚いたようでしたけどね（笑）」（同氏）

そこで放送作家氏は、

「東京も関西も主だったJr.が勢揃いしてたんだから、デビュー出来なかった組は悔しかっただろうな～」

――と、まるで独り言のように話を振ったという。

「別に普通に聞いてもいい話ですが、その時点で5ヶ月ぐらい前の話だったので、渡辺くんの記憶を呼び覚ます呪文のように」（同氏）

呪文になるかどうかはさておき、渡辺は意外とキツい口調に感じたほど、大胆なセリフを返してきたではないか。

『俺らとSixTONESのデビューが発表されたコンサートの後、ドームの控え室に戻ると、泣いてるJr.や、
俺らの所に挨拶に来て「おめでとうございます。自分たちも負けません」
――って挑発する系のJr.が何人かいたんだけど、
〝一体何のために泣いてるのか？　何の勝負をしたいのか？〟……
そういうヤツらの気持ちはさっぱりわからなかったし、将来的にもまったく怖さを感じない。
俺は教科書に載ってるような定番のリアクションをする後輩よりも、
何度も失敗して滝沢くんに怒られてばかりの後輩のほうが怖い』

――さて、この時に「泣いてるJr.」や渡辺が「挑発する系のJr.」と感じた相手は誰だろう。

「さすがにそれは明かさずじまいでしたけど、でも何となくの雰囲気では、ローラースケートのアクロバットを得意とするグループが、わりと挑戦的なグループだったようですね。それと人気面でも彼らと競っている、関西のトップグループ」（同氏）

彼らは、ファンの皆さんなら誰もが〝NEXT DEBUT〟の本命と予想するグループ。

気になるのは渡辺が『何度も失敗して滝沢くんに怒られてばかりの後輩のほうが怖い』とする組だ。

「実際には現時点で〝どこどこのグループ〟を指しているわけじゃありません。だってそれはかつての自分たち、〝Snow Man〟のことですから」

――渡辺の言葉の裏にある想いをそう明かした放送作家氏。

『滝沢くんに怒られてばかりいたからこそ、自分たちは鍛え上げられた。
もし自分たちの姿が重なる後輩グループが現れれば、
彼らとは間違いなく将来争うことになる』

――渡辺翔太の言葉には、そんな〝期待〟が込められていた。

彼らはそう、自分たちと同じ量の汗と涙を流した後輩たちの出現を、心待ちにしているのだ――。

〝心友〟から向井康二へのエールと絆

『大阪を出てくる時に〝心友〟に言われたのが、
「いつ災難や苦難が襲いかかってきてもええように、
あらゆることに気を配って過ごさなアカンで」――ってことでした』

向井康二の〝心友〟といえば、年令こそ5才も年上になるが、昨年から俳優としての道を歩み始めた関西ジャニーズの室龍太。共に兄弟ユニットを組み、一人だけ関西ジャニーズJr.に残った2人の絆は決して切れることはない。

「上京してしばらく後で会った時、向井くんに聞いたことがあるんです。〝関西を出る時に揉めたりしなかったの? 室くんは反対しなかったの?〟って。すると彼は『〝揉める〟の意味があれですけど、俺もええ年ですから、自分の人生は自分で決めなアカンでしょ。相方とは東京に来る1年ぐらい前から、関西Jr.における自分たちの役割や立ち位置について、とことん話し合ってましたんで』――と答えてくれました。KinKanが空中分解してから、向井くんは〝ジャニーズを辞めるかどうか〟も悩んでいた。当時の彼を知る者として、今の活躍は本当に嬉しいですね」

関西ジャニーズJr.のレギュラー番組を担当する在阪準キー局プロデューサー氏は、

「東京に向かうか否か、2人の人生の分かれ道の話を聞きたかった」

――と、向井康二と室龍太についてのエピソードを明かしてくれた。

「向井くんと室くんの2人は2019年1月3日、4日の『関西ジャニーズJr. LIVE 2019 Happy 2 year!!~今年も関ジュとChu Year!!~』を最後に、上京してSnow Manに加入する向井くん、役者として再出発する室くんに道が分かれました。現在、向井くんが絶好調なのは言うまでもありませんが、室くんも昨年12月には舞台『大阪環状線』で初主演を務め、着実に俳優のキャリアを積み始めています」(在阪準キー局プロデューサー氏)

室龍太は関西Jr.ではあっても、そのキャリアはSnow Manの誰よりも長い。

2003年10月にジャニーズ事務所に入所すると、関西ジャニーズJr.内ユニットのBOYSからB.A.D.BOYS。兄の室龍規、弟の将也との兄弟ユニット、室3兄弟を結成。その後、兄弟の退所を経てVeteranのメンバーとしても活動した。

「入所した翌年には関ジャニ∞のデビューを見送り、さらに10年後にはジャニーズWESTを。またKin Kan、なにわ皇子のメンバーとして注目を浴びていた平野紫耀くん、永瀬廉くんの東京進出までも見送った。まさに関西ジャニーズJr.の生き字引的な存在。向井くんと室くんは**『自分は関西ジャニーズJr.からデビューすることは難しい』**――と悟り、さらに〝なにわ男子〟の結成を見て〝関西ジャニーズJr.から離れる〟覚悟を決めたようです」（同プロデューサー氏）

室は年令（1989年生まれ）的にもアイドルグループのデビューを諦め、役者を目指す。

そして向井にはジャニーズアイランド滝沢秀明社長から誘いがかかる。

「向井くんも室くんもお互いにジャニーズJr.の酸いも甘いも経験し、自らの将来があらかた見通せるポジションにいた。それゆえに向井くんは**『エールを贈り合いはしても、俺が上京するのに揉めるはずがない』**――と笑っていました。もちろん僕もそうだとは思ってましたけど、本人の口から聞けてスッキリしましたね。約2年越しのモヤモヤも解消です」（同氏）

そんな向井と室の間には、最後にこんな物語も秘められていたという――。

『大阪を出てくる時に〝心友〟に言われたのが、

「いつ災難や苦難が襲いかかってきてもええように、

あらゆることに気を配って過ごさなアカンで」――ってことでした。

順調な時ほど、それを心掛ける。

心友が「調子に乗んな!」と怒る顔を、常に頭の片隅に置いてます』

――振り返ってそう語った向井。

離れていても、思い出すのは心友の顔と言葉。

多くの番組に呼ばれ、早くもジャニーズ若手の〝バラエティー班長〟として台頭しつつある

向井康二にとって、室龍太のこの言葉こそ、いつも隣に置いておかねばならない〝今の相方〟なのだ――。

〝ご機嫌モード〟の目黒蓮は〝無敵モード〟

『俺のセールスポイント？
それはパフォーマンスやバラエティー（出演）を褒められたら、
1ケ月はご機嫌モードが続くこと。
ご機嫌モードの俺って、結構やりますよ（笑）』

典型的な〝褒められて伸びる〟性格の目黒蓮は、普段は自分に〝他より優れている〟自信がなくても、いざ褒められると潜在能力を爆発させるタイプのメンバー。「ウチのメンバーはみんな、涼しい顔で難しいことをこなせるから。ついていくのが大変」と言いつつも、ご機嫌モードに入れば誰よりも無敵だ。

「目黒くんだけ加入当初にSnow Manと宇宙Six兼任だった理由を滝沢くんに聞いてみたら、**『彼の希望でもあるけど、兼任するだけのポテンシャルがあるから』**――とのことでした。目黒くんの**〝ご機嫌モードは無敵〟**のセリフを聞いた時、その時のことを思い出しました」

某アイドル月刊誌の名物記者氏は、こう言って目黒蓮のエピソードを語り始めた。

「今だから言えますが、彼の優しすぎる性格では宇宙Sixの仲間を感情的にも切りきれなかったのでしょう。また当時、滝沢くんの中ではSnow Manがデビューするまでのロードマップが出来ていても、Jr.たちには知られてはならない。新加入の3人が〝デビューのために引き抜かれた〟前例を作りたくなかったのでしょう」

これまでジャニーズJr.からデビューしたグループにはいくつかのパターンがあったが、デビュー発表の半年前にわざわざ移籍するパターンはない。

「ただ僕らジャニーズ周辺のマスコミは、すでに〝Snow ManがデビューしたらSixTONESはどうするんだろう?〟に頭がいっていた。まさか2組が同日デビューするとは思ってもいませんでしたから」（アイドル月刊誌名物記者氏）

確かにその通りだが、これも〝滝沢色〟の表れということだろう。

「目黒くんも、それまでの経験から滝沢くんとＳｎｏｗ Ｍａｎの〝特別な関係〟は承知しているはずですし、Ｓｎｏｗ Ｍａｎのメンバーになれば舞台の香盤表の順列が上がり、公演ポスターやパンフレットの扱いも大きくなる。それこそ目黒くんの言う〝ご機嫌モード〟に突入です」（同名物記者氏）

一部には、この目黒の性格を滝沢が利用し、「Ｓｎｏｗ Ｍａｎにいればこんなに気持ち良くなれるんだぜ？」と、その気にさせたとの話もあるらしい。

「さすがにそれは噂についた尾ヒレでしょうが、これだけは確かなのは、間違いなく滝沢くんは目黒くんを買っていて、何としてもＳｎｏｗ Ｍａｎに欲しかったということです」

目黒に対する滝沢の高い評価についてそう話す記者氏。

そんな現状を当の目黒はこんな風に語っている――。

『ジャニーズって本当に〝才能のおもちゃ箱〟みたいな場所だから、
Jr.の頃からいかに自分が普通人間かを思い知らされるんですよ。
いつもみんなが自分のセールスポイントを磨いてるし、
まだはっきりとしたセールスポイントがないメンバーは、
いろんなことにチャレンジして見つけようとしているし。
俺は滝沢くんに見つけてもらえて、Ｓｎｏｗ Ｍａｎのメンバーに受け入れてもらえてなかったら、
それこそ今頃、芸能界を諦めて別の仕事をしていたかもしれない。
俺のセールスポイント?
それはパフォーマンスやバラエティー（出演）を褒められたら、1ヶ月はご機嫌モードが続くこと。
ご機嫌モードの俺って、結構やりますよ（笑）』

まさに〝ご機嫌モード〟全開の目黒蓮だが、目黒にとって、そしてＳｎｏｗ Ｍａｎにとっての本当の勝負は、すべてのお膳立てが整ったこれからだ。

もちろん、彼らはすべての課題をやすやすとクリアし、目の前に立ちはだかるであろう壁など、軽々と乗り越えてしまうに決まっているが。

阿部亮平が見据えていた〝5年後の自分〟

『俺が大学院に進学することを決めた大学3年の時、
やっぱりSnow Manのメンバーには、
「認めてもらえなくても報告だけはしたい」からって、
わざわざ集まってもらったんです。
でも実際、集まってもらったら何も言えなくて、ふと頭に浮かんだセリフが――
「自分は今やっている学問を将来の道にするつもりはない。
だけど納得するまで両立させて欲しい。
結果は5年後に出すから」――でした』

大学入学時は「仕事に専念して欲しい」と反対意見ばかりのメンバーたちだったが、やがてジャニーズJr.の仲間たちに「ウチの阿部ちゃん、スゲエだろ?」と自慢するように。

阿部亮平の努力、誰もが認めざるを得なかったのだ。

テレビ界では阿部亮平のブレイクに一役買っているのは、間違いなく「くりぃむしちゅーの2人」だというのが定説だ。

実はお二人、ツッコミ役で名MCとしても評価が高い上田晋也が〝イニシアチブを取っている〟のかと思いきや、その舵取りは有田哲平のほうだという。

さらには彼らの代表番組の一つ『ミラクル9』においては、ブッキングも有田の鶴の一声だとか。

「阿部くんを準レギュラーで起用し、東大クイズ王との対比でエース格にしたのも有田さん。特に阿部くんに関しては『とにかく性格がいいし、人当たりもいい。気象予報士資格や世界遺産検定などしっかりしたベースがある上に、理工系の大学院卒。クイズ番組の担当者なら誰でも欲しがる』――とベタ褒めです」

内情をそう説明するのは『ミラクル9』にも関わっている人気放送作家氏。

さて当の阿部のほうは、有田の〝お気に入り〟の自覚はあるのだろうか。

『自分からそんなこと言えませんけど(笑)、
でも食事に誘ってくださったり、いつも「今日も頑張って」と励ましてくれます』

有田によると阿部は、クイズ番組界の救世主になる可能性もあるのだとか。

『いやいや、そこまでは自分ではわかりませんけど、
最近よく「もう(ロザン)宇治原やカズ(レーサー)の時代じゃない。
これからは阿部ちゃんと光ちゃん(※鈴木光 東大クイズ王の一人)の時代だよ」
――とは言われます』

ちなみに鈴木光はTBSがガッチリとキープしていて、他局への出演が少ない。有田も数回しか共演していないが、さすがアンテナを張り巡らせているのだろう。
それにしても阿部、かなり嬉しそうだ。

『それはそうですよ。
有田さんや上田さんのように一時代を作った先輩方と共演して、
しかも本当に目をかけて頂いているとしたら、嬉しくないわけがありません』

何とも謙虚な阿部の発言だ。
それにしても阿部亮平のブレイクぶりを目にするたび、冒頭の『結果は5年後に出す』の重みを感じざるを得ない。

『今考えるとめちゃめちゃ図々しい、自己チューなセリフかもしれないけど、
その〝5年後〟にあたる大学院の修了から、突然道が開けたんです。
ピカーッと(笑)』

ストイックに自分と向き合う、阿部亮平のような真面目な努力家が結果を出す。
まさに自らの言葉通りに、未来が開けたのだ――。

滝沢秀明とSnow Manの〝本当の関係〟

『まだ滝沢くんが座長公演をしていた頃、
「お前はハードル上げすぎだ」――って何回か注意されて、
自分ではそんな気は全然なかったんですけど、
自分の実力以上のことを滝沢くんに見せないと、
「次は呼んでもらえない」って自分に課していたのは事実です』

宮舘涼太が言うように、ある意味『滝沢歌舞伎』『滝沢演舞城』に出演するために「俺たちは存在してきた」面もあるSnow Man。グループ名お披露目の2012年から、今や自らの座長公演にするまでに成長。滝沢秀明には「何度も谷底に落とされた」と笑う。

2010年初演のシリーズ第1作『滝沢歌舞伎‐TAKIZAWA KABUKI』と翌年の『滝沢歌舞伎2011』にMis Snow Manとして出演。

舞台上で〝Snow Man〟のグループ名がサプライズ発表された『滝沢歌舞伎2012』以降、『滝沢演舞城』シリーズ全作に出演を続け、昨年の『滝沢歌舞伎ZERO』からは主演を担っている。

また『DREAM BOYS』シリーズ、『少年たち』シリーズは言うまでもなく、Snow Manはジャニーズの大きな舞台に欠かせない存在だ。

ファンの皆さんは百も承知の経歴だろうが、やはりSnow Manの成り立ちから現在に至るまでを見ていくと、ゴッドファーザー（※名付け親）滝沢秀明との関係性は、間違いなく〝芸能界の師弟〟であり、〝親子〟のような間柄と断言できるだろう。

「滝沢くんが表舞台に立つ立場から演出サイドに転身しても、彼にとって『滝沢歌舞伎』は特別すぎる作品。それは本作で〝演出家・滝沢秀明〟が誕生したからです。それまでにも構成や演出の一部を担ったことはあっても、ちゃんと自分の名前が〝演出〟としてクレジットされたのは、『滝沢歌舞伎』第1作から。そんな作品に初回から加わり、自らが初めての名付け親になったSnow Manもまた、滝沢くんの〝スペシャル〟なのです」

滝沢とは長いつき合いになるテレビ朝日『ミュージックステーション』古参スタッフ氏はそう話す。

「滝沢くんが後進を指導する面白さに目覚めたのも、その『滝沢歌舞伎』がきっかけです。つまりＳｎｏｗ Ｍａｎがいなければ、滝沢くんがジャニーさんの後を継いでプロデューサーに転身することもなかったかもしれない。世間では滝沢くんがＳｎｏｗ Ｍａｎを〝贔屓している！〟と言う方もいらっしゃいますが、２０１０年以降の関わりを見れば、それは贔屓ではなく〝試練を与えている〟ことがおわかりになるのでは」（『ミュージックステーション』古参スタッフ氏）

滝沢はＳｎｏｗ Ｍａｎに、ことのほか厳しい。

他のJr.、他の出演者に対しては妥協するラインでも、Ｓｎｏｗ Ｍａｎは自分の理想や想像を超えなければＯＫを出すことはない。

そしてそれに応え、成長してきたのがＳｎｏｗ Ｍａｎのメンバー。

いかがだろう？　一般の社会においても、そんな後輩を可愛いと思わない先輩はいないはずだ。

「かといって、厳しさ一辺倒ではありません。以前、宮舘くんに聞いた話などは、決してＳｎｏｗ Ｍａｎに無理を強いているわけではない証拠」（同スタッフ氏）

それが宮舘涼太のこのセリフだ——。

『まだ滝沢くんが座長公演をしていた頃、
「お前はハードル上げすぎだ」——って何回か注意されて、
自分ではそんな気は全然なかったんですけど、自分の実力以上のことを滝沢くんに見せないと、
「次は呼んでもらえない」って自分に課していたのは事実です。
でもハードルを下げて簡単にクリアすることに慣れたら、
「自分の実力もそれに合わせて下がるんじゃない？」——という想いは、
いくら注意されても曲げずに持ち続けています』

そう、ＳｎｏｗＭａｎのメンバーは自分たちの立ち位置を理解した上で常に——

『滝沢くんの期待の〝上〟を行きたい！』

——と、滝沢からストップをかけられるぐらい己を追い込んでもいたのだ。

「滝沢くんは立場的に口にはしませんが、こと舞台において、他のどのJr.も〝Ｓｎｏｗ Ｍａｎの足下にも及ばない〟のです。だって誰も、Ｓｎｏｗ Ｍａｎ以上に努力しようとしませんからね」

（前出スタッフ氏）

さて、これを知ってもまだ「Ｓｎｏｗ Ｍａｎは贔屓されている！」と騒ぐ者がいるだろうか。

人知れず彼らが流した汗と涙、努力――それを忘れてはならない。

佐久間大介と塚田僚一の〝アニメ繋がり〟

『俺はどうしてもピンの仕事で「結果を出さなきゃ」と焦る悪い癖があって、
これまでに何度か出させて頂いた番組でも、
結果〝笑われること〟でしか褒められなかったりするんです。
本当はアニメ関連のお仕事でもキモがられるんじゃなく、
〝カッコいい〟と思われたい』

密かに抱えている悩みについて先輩の塚田僚一に打ち明けた佐久間大介。
すると塚田から返ってきたセリフは……？　同じ〝アニメヲタク〟の同好の士でも、佐久間から見て、宮田俊哉との扱いにかなり差がある塚田だが、
そんな塚田を佐久間はどう見ているのだろう。

「塚田くんといえば〝稼いでも稼いでもお金がないキャラ〟として知られていますが、一番残念なのは、後輩を誘ってお金がない時でも、消費者金融で飲み代を借りて飲みに行くことです。一見、後輩のためにそこまで出来る先輩がいるなんて……と感動する人もいますが、そもそもジャニーズのアイドルが〝金を借りてまで飲みに行く〟のは恥ずかしいし、それって本当に後輩のためなのか……？　佐久間くんに言わせると『**僕たちはダシに使われているだけ。塚田くんは自分が飲みたい言い訳に僕らを使う**』――と、完全に見破られています（笑）」

少々、前振りが長くなってしまったが、佐久間大介と塚田僚一の2人も、また独特な人間関係が成立しているようだ。

「この2人に宮田くんを加えた3人で飲みに行くことも多く、さらに塚田くんは宮田くん以外のKis-My-Ft2メンバー、A.B.C-Zメンバーとも飲みに行くので、今回のコロナ自粛がちょうどいい禁酒と貯金の期間になったのでは」

先ほどから話してくれているのは、NHK BSP『ザ少年倶楽部』制作プロデューサー氏。

だがそんなプロデューサー氏の願いもむなしく、塚田はもっぱら佐久間を〝リモート飲み〟につき合わせていたらしい。

「リモート飲みだと余計なお金がかかりませんからね。塚田くんにとっては好都合でしょう。誘われる佐久間くんはたまったものじゃないでしょうけど」(『ザ少年倶楽部』制作プロデューサー氏)

佐久間も周囲に愚痴っているかと思いきや――

『塚田くんと飲む時の距離感はこれぐらいがいい』

――と歓迎している。

「佐久間くんによると、塚田くんは〝きっと後輩の悩みや相談を誰よりも受けてきた人〟で、決して解決に導く的確なアドバイスばかりしてくれるわけではないものの、『**塚田くんに話していると不思議と落ち着く。本当に不思議だけど、そういうパワーがある人**』――らしいです」(同プロデューサー氏)

佐久間にとって塚田は〝かけがえのない先輩〟であることは間違いない。

『俺はどうしてもピンの仕事で「結果を出さなきゃ」と焦る悪い癖があって、
これまでに何度か出させて頂いた番組でも、
結果〝笑われること〟でしか褒められなかったりするんです。
本当はアニメ関連のお仕事でもキモがられるんじゃなく、〝カッコいい〟と思われたい。
ある時、A.B.C-Zの塚田僚一くんと飲んでる時に、その癖の話をしたら、
塚田くんに──
「仕事で結果を出せるかどうかは、もうその仕事を受けた時点で決まっている。
お前みたいに〝結果を出さなきゃ〟と思ってる時点で、お前はもう仕事に負けている」
──って言われたんです。
一瞬いいセリフかと思ったけど、
ほとんど『北斗の拳』の決めゼリフのパクりじゃないですか？……あの人（笑）』

おそらくそれは……「お前はもう死んでいる」だな。

そんな塚田について佐久間は――


『後輩たちはみんな、塚田くんがどれだけ努力して、どれだけ我慢してきたか、その背中を見てきましたからね。

それを知ってるから、お酒飲んでグソグソになったり、借金してまで飲みに行っても許せるんです。

決して〝塚田くんみたいになりたい〟とは思わなくても、ジャニーズには塚田くんがいなきゃダメなんです』

――笑顔でそう話してくれたという。

塚田僚一は、それだけ〝愛すべき人物〟ということだろう。

〝愛すべき人物〟――佐久間大介にも塚田僚一の〝そこだけ〟は見習って欲しい。

Snow Man

—俺たちの歩むべき道—

going their own way

3rd Chapter

Snow Man×

相葉雅紀から深澤辰哉に贈られた言葉

『評価してもらえたことはもちろんですけど、
たとえ相手が相葉くんじゃなくても、
〝先輩が（俺を）見ていてくれた〟ってだけで嬉しい。
しかもそれが、自分が一番大切にしていることで、
口には出さなくても自分の〝誇り〟だったから――』

これまでずっと、「相葉くんは、きっと俺たちには興味がないと思う」――と感じていた深澤辰哉。ところがＴＢＳテレビのスタッフを通し、番組の裏側で「相葉くんが褒めていた」と聞かされ、嬉しさはもちろんのこと、どことなく申し訳なさも感じたという。

「最初は全然信じてませんでしたね。相葉くんがSnow Man、〝特に深澤くんを褒めていた〟と話しても。ずっと『ドッキリですか? カメラあるんですよね!?』……なんて(笑)」

TBSテレビ『CDTVライブ!ライブ!』制作プロデューサー氏は、緊急事態宣言が発令される数日前、深澤辰哉の訪問を受けたという。

「改めて岩本くんの件の詫びと、番組で謝罪をする時間を取ったことについての感謝です。わざわざ来てくれるなんて、さすが滝沢副社長の教育が行き届いているのはもちろんですが、深澤くん本人の性格というか、しっかりと筋を通すあたりは素晴らしい」(『CDTVライブ!ライブ!』制作プロデューサー氏)

3月30日に初回4時間スペシャルが生放送された、TBS『CDTVライブ!ライブ!』に出演したSnow Manは、その前日に〝無期限の謹慎処分〟を受けた岩本照の件について、楽曲パフォーマンスの前に謝罪した。

最年長の深澤がその謝罪コメントを発したのだが、番組サイドから見ると、正直に言って「新番組の初回にミソがついた」と思うのが当然。

生放送ではファンや視聴者に向けて謝罪した深澤だったが、数日間の時間を置き、番組スタッフにも「ご迷惑をおかけしました」と謝罪に現れたのだ。

「タレント本人にそこまでされると、水に流すしかありません。実のところ僕らも〝メンバーは大変だなぁ〟としか思ってなかったので、逆に恐縮してしまいました」（同プロデューサー氏）

そんな深澤との面談中、プロデューサー氏が「そういえば……」と語り出したのが、嵐・相葉雅紀のSnow Manについての言葉だった。

「『CDTVライブ！ライブ！』には嵐も出てくれたのですが、相葉くんは『**Snow Manに注目してる**』と言い、『**特に深澤とか、ストイックで妥協しない自分のこだわりを持ってるヤツは、必ず先々出てくるから。チェックしておいてよ**』──と笑顔で絶賛していたんですよ」（同氏）

ところがそんな嬉しいセリフに、深澤はむしろ戸惑っていたようだ。

「彼は『**相葉くんとは長いつき合いだけど、そんなことを言われたことがない**』『**Snow Manじゃなく、ふぉ〜ゆ〜と間違えてません？**』『**いやいや、やっぱり僕らのことじゃない**』──などと、なぜか認めようとしないのです（苦笑）」（同氏）

相葉はプロデューサー氏に、こう言ったそうだ──。

『Snow Manのメンバーを好きなのは、
Jr.時代からずっと〝こだわり〟というか〝自分〟をしっかりと持ってるところ。
そういう後輩には刺激を受けるし、将来が楽しみなところが好きだな。
特に深澤は〝アクロバット〟に強い思い入れがあって、
高いレベルをキープするためにストイックな生活を送っている。
そういうの、誰にでも出来るわけじゃないじゃん?』

――と、〝深澤〟を名指しで話しているのだから、これはもう素直に受け入れて喜んだほうがいいだろう。
ようやく深澤も――

『評価してもらえたことはもちろんですけど、
たとえ相手が相葉くんじゃなくても、〝先輩が(俺を)見ていてくれた〟ってだけで嬉しい。
しかもそれが、自分が一番大切にしていることで、口には出さなくても自分の〝誇り〟だったから――』

――と、喜びを噛み締めたという。

「そう言うとすぐに深澤くんは『どうしよう』『かなりヤバい』とあたふたし始めたんです。『それって、もし俺やSnow Manが相葉くんの期待に応えられなかったら、すぐに見捨てられる予感しかしないんですけど』……と。今からそんな心配をしても仕方がないし、心配をするぐらいなら〝そうならないように頑張ればいい〟だけですよ」（同プロデューサー氏）

大丈夫だ、深澤！

Snow Manの9人なら絶対に相葉の期待に応えられるはず。

このチャンスを活かすのだ!!

相葉雅紀が認める〝世界基準〟ラウールの可能性

『本当にビックリしました！
いきなり相葉くんに「お前は世界に行ける」――と言われた時は』

嵐に囁かれている幻のロサンゼルス公演。そもそも「世界に嵐を巻き起こす」が由来のネーミングだが、ジャニー喜多川さん念願の夢を引き継ぎ、実現させるのは「Ｓｎｏｗ Ｍａｎしかいない！」

――先輩・嵐からのお墨付き。

「ラウールくん自身が『20才までに世界進出』――を目標に掲げていることは、ファンの方ならご存知だと思います。しかし何か具体的な話やプランがあるわけではないし、岩本照くんをはじめ他のメンバーがどう思っているかはわからない。今回、オフレコとはいえ嵐のメンバーが後押しするような発言をしてくれたことは、ラウールくんの自信になったのはもちろんのこと、ジャニーズ上層部の気持ちを動かすきっかけになるかもしれませんね」

テレビ朝日『相葉マナブ』を担当するディレクター氏は、相葉雅紀と番組のリモート打ち合わせを行った際、何度も――

『チャンスがあればラウールを使ってやってよ』

――と頼まれたそうだ。

「もちろんラウールくんだけじゃなく『Ｓｎｏｗ Ｍａｎを』という話も出ましたが、**『テレ朝は阿部（亮平）推しだけど、他にも使えるメンバーばかりだから』**――と。相葉くんとはそれなりに長いおつき合いですが、そんな言い方で後輩を勧められたことは初めてでした」（『相葉マナブ』担当ディレクター氏）

なるほど。それはディレクター氏のみならず、誰もが引っ掛かるポイントだ。

そこでディレクター氏が〝何でそんなに勧めるの?〟と尋ねると、相葉は笑いながら――

『俺たちには出来なかったから、後輩には夢を叶えて欲しい。
Snow ManとSixTONESはジャニーさん最後のデビュー組だから』

――と答えたという。

ここから少し嵐の話になるが、実は嵐には今年の夏、ロサンゼルスでコンサートを開催する計画があったのだ。

「もう話は流れてしまいましたが、〝今年の8月に嵐がロサンゼルスで公演を行う〟ための下準備は、去年の活動休止会見直後から始まっていました。覚えていらっしゃる方もおいででしょうが、2月にメンバー揃ってロサンゼルスに渡ったのが最初の打ち合わせ。松本くんは昨年の8月にも。さらに今年の2月には大野くん、相葉くん、二宮くんがロサンゼルスを訪れ、着々と準備が進められていたんです」(大御所放送作家)

もともと〝嵐〟というグループ名は、亡くなったジャニー喜多川さんが「世界に嵐を巻き起こす」の願いを込めて命名したもの。

これまでに中国、韓国、ハワイなどでコンサートを行ってはいるものの、真に「世界に嵐を巻き起こす」のであれば、それはジャニー喜多川さんとメリー喜多川さんの〝第2の故郷〟アメリカ本土でのコンサートが必要不可欠。

しかしそれも、新型コロナウィルスCOVID-19世界最多感染国では実現のさせようがない。

「メンバーは残念がってはいますが、国立競技場コンサートの延期に比べれば、それほどショックは受けていません。相葉くんなどは『実現したら頑張るに決まってるけど、極端な話、嵐の思い出作り的なコンサートになったら意味はない。自分たちのやりたいこと、自分たちのすべてをぶつけられるような状況にないなら、間違いなく、やるべきじゃない』——と話していました。嵐は〝Smile Up Project〟に積極的に取り組んでいるし、〝やる〟〝やらない〟の選択肢も2月中には出ていたと聞いています」(同大御所放送作家氏)

そんな経緯があった上で、改めて相葉の発言に注目してみたい。

そう、ジャニー喜多川さん悲願のアメリカ進出を、彼は後輩に託したのだ。

「相葉くんは『俺だけじゃないよ。翔ちゃんもそう言ってたから。俺一人だと信用ないしね』――とも話していました」(同氏)

そして相葉はラウールには――

『お前なら大丈夫、世界に行ける。
よろしくな！』

――と伝えたそうだ。

その相葉の言葉を受けたラウールの反応は――

『本当にビックリしました！
いきなり相葉くんに「お前は世界に行ける」――と言われた時は。
最初、ガチで旅行のことかと思って、
「いつか嵐さんみたいにファーストクラスに乗りたいです」……とか、
とんでもないリアクションをかましちゃったけど』

実際にラウール本人も目標に掲げているのであれば、結果を恐れずに進むべきだろう。

さらに相葉はラウールの体格についても――


『たまにスタジオで見かけるたびに大きくなってるじゃん。

〝Snow Man〟っていうより〝Super Man〟って感じ。

あのサイズ（身長）は世界に出ても見劣りしない』

――と感心していたとか。


相葉が、そして嵐が、残念ながら諦めざるを得なかった〝世界進出〟の夢。

その夢を叶えてくれるのは、ラウールとSnow Manしかいない。

ラウールの、そしてSnow Manの歌とパフォーマンスこそが〝世界基準〟に達しているのだから。

渡辺翔太は〝不良テイスト〟ライン？

『たまにね、インタビューとかで、
「渡辺くんには昔の成田昭次くんの面影が重なる」——とか、
ジャニーズの大先輩を引き合いに出されることがあるんですよ』

1985年にデビューし、1993年に事実上の解散（活動休止）を迎えたジャニーズ伝説のバンド、男闘呼組。1992年11月5日生まれの渡辺翔太にとっては、ジャニーズJr.になるまでは存在すら知らなかった先輩。それゆえ、いくら大先輩でも、比べられて〝ピンと来ない〟のは当然だろう。

「たぶんですけど、渡辺くんにそんなことを言ったお相手は、会話に詰まって無理に言葉を捻り出しただけじゃないですかね。僕は男闘呼組の現役時代を中学生の頃に見てますが、ハッキリ言って成田くんの面影なんか被りませんよ（苦笑）」

そう話すのは、某民放ラジオ局の制作プロデューサー氏。現在、特定の番組を担当しているわけではないが、ジャニーズ事務所のタレントがパーソナリティーを務める番組、あるいは新曲のプロモーションや聴取率週間のゲストで同局を訪れた際には、ほぼ立ち会う〝ジャニーズ担当〟の役回りらしい。

「ラジオ局はテレビ局と違って所帯が小さいので、今でも特定の芸能プロダクションの窓口的な人間を置くケースがあるんです。ウチは特にその時代の1押し、2押しのタレントを回してもらえるかどうか、その瀬戸際に立つ局。昔ながらのおつき合いが、そういう時にモノを言うんですよ」（民放ラジオ局制作プロデューサー氏）

なるほど。芸能界やマスコミも様変わりしたとはいえ、かつての〝昭和の芸能界〟を象徴するような風潮が残っているということか。

「Snow Manがウチにレギュラーを持っているかどうかは〝身バレ〟の危険があるのでノーコメントですが、渡辺くんが他のメンバーとゲスト出演で来てくれた時、彼のほうから『**成田昭次さんのこと、覚えてますか？**』――と尋ねられたのが、今回お話しするエピソードのきっかけでした」（同プロデューサー氏）

先のコメントにもあるように、同氏でさえ男闘呼組のことは中学時代にテレビで見ていた程度だ。

「でも成田昭次さんはいかにもな〝悪ガキ顔〟で、そのイメージは忘れてません。後々ジャニーズと仕事で関わるようになって、マッチさんを元祖にした〝不良テイスト〟の系譜を理解したから言えるのですが、成田さんはそこにしっかりと乗ったメンバーでした。ジャニーさんはグループに一人、女子が好きな〝不良テイスト〟のJr.を選ぶんですよ」（同氏）

本物の不良ではなくても、不良の持つ〝フェロモン〟を感じさせるメンバーということらしい。

「ルックスだけじゃなく、反抗期の真っ只中にいるような」（同氏）

実際、あまり表沙汰になっていないだけで、過去には暴走族出身のジャニーズがデビューしたこともあった（苦笑）。

……いや、待てよ。

つまり渡辺も、その〝不良テイスト〟ラインに乗っているということか。

『たまにね、インタビューとかで、
「渡辺くんには昔の成田昭次くんの面影が重なる」とか、
ジャニーズの大先輩を引き合いに出されることがあるんですよ。
そんな時、一応は謙遜して「僕なんかまだまだです」みたいに答えても、
腹の中では「(というか、俺は俺なんだけど?)」――って、
良い意味での反骨心を持つようにしています。
ぶっちゃけ、照の受け売りですけど』

――渡辺自ら、不良テイストの〝反骨心〟というセリフを。
これはあながち、インタビュアーの感じた〝成田昭次似〟も間違っていないのでは。
そこで制作プロデューサー氏も、渡辺本人にそうツッコんだところ――

『違います!
だから照の受け売りで、アイツの意見ですから』

――と、慌てて否定していたとか。

その岩本、さらには深澤辰哉も〝不良テイスト〟ラインに乗っている気がしないでもないが、おそらくそれは〝『BAD BOYS J』の影響〟が少なからずあるのかも。

さて、これから渡辺翔太が実際に〝どのライン〟で進んでいくのか、じっくりと見守ることにしようか。

向井康二にとっての〝ジャニーズにいる証〟

『ずっと関西で頑張って、東京進出を果たした吉本芸人みたいな感覚。
自分が今、確かに東京の芸能界のど真ん中にいる、
その確認というか〝お守り〟みたいなものです。
家に帰ってこの2Sを見ると、ごっつ励みになるんですよね』

『VS嵐』に出演した際、櫻井翔にうまく甘えて嵐メンバーとの2S撮影を行っていた向井康二。長年、関西ジャニーズJr.で育ったせいではないだろうが、SnowManのメンバーに加わって以来、テレビで活躍する先輩を見つけては、ミーハー気分丸出しで2Sを収めまくっているというのだが……。

「もう1年以上前の話になりますが、Snow Manのメンバーが揃って『VS嵐』に出演した時、当時は〝新メンバー〟の向井康二くんが櫻井くんに『お願いがあります』と頭を下げてきたそうです。すると『お願い? 俺に出来ることなら(いいよ)』と答えた櫻井くんに対して、何と向井くんは『松本くんとの2Sを撮ってください! 僕、緊張して喋れへんのです』――と言って、自分のスマホを渡した。櫻井くんはしばし言葉を失ってましたけどね(苦笑)」

あの櫻井翔を便利屋のごとく使い、松本潤との2Sを撮らせたという向井康二。

昨年1月、Snow Manに加入するために関西ジャニーズJr.から東京Jr.に移籍した元〝苦労人Jr.〟ではあるが、単純にデビュー年で20年も先輩の櫻井を、まさかパシリに使うとは……。

「そもそも向井くんは、2006年にお兄さんと共にジャニーさん直々にスカウトされた〝エリート組〟でもあります。地元の関西Jr.ではお兄さんがJr.を辞めても一人で頑張り、関西Jr.の中心ユニットのメンバーとしても活躍しました。もちろん櫻井くんも彼を関西時代から知ってましたし、Snow Manに加入する前には『アイツは喋れるからSnow Manにはプラスになるだろうね』――と、歓迎するように解説していたほどです」

向井と櫻井の〝2S〟エピソードを明かしてくれたのは、フジテレビ『VS嵐』制作スタッフ氏。

ちなみにファンの皆さんは充分ご承知だろうが、King & Princeの平野紫耀が上京するまでは、共に〝Kin Kan〟のメンバーとして活動。同じくKing & Princeの永瀬廉が所属していた〝なにわ皇子〟とは、若手2トップのライバル関係にあったほどだ。

向井に頼まれた櫻井は——

『**まあ、いいけどさ。別に……**』

——と微妙に不満そうにはしていたが、すぐに、

『**松潤、向井が2S撮りたいんだってさ**』

——と、松本に声をかけた。

そして言うまでもなくカメラマン役も。

「話を聞いてみると、向井くんは『**これ見てください**』——と、錚々たるジャニーズの先輩たちからJr.歴では後輩になるKing＆Princeメンバーに至るまで、チラッと見た感じだけで数百枚の2Sがフォルダに納められていましたね」（『VS嵐』制作スタッフ氏）

当然、この日も松本潤を筆頭に、最後は——

『**じゃあ、翔くんとも……**』

『**嫌々かよ！**』

——のミニコント付き（?）で、櫻井との2Sを撮っていたらしい。

「向井くんに〝どうしてそんなに撮るの?〟と尋ねてみると、照れくさそうに『**自分がジャニーズにいる証です**』——と答えてくれました」（同スタッフ氏）

さらに向井は——

『ずっと関西で頑張って、東京進出を果たした吉本芸人みたいな感覚。
自分が今、確かに東京の芸能界のど真ん中にいる、
その確認というか〝お守り〟みたいなものです。
家に帰ってこの2Sを見ると、ごっつ励みになるんですよね』

——と、ちょっとウルッと来る理由も明かしてくれたとか。
それにしてもなぜ、櫻井に頼んだのだ?
松本に緊張するなら櫻井にも緊張するだろうし。

『櫻井くんやと緊張せえへんのと違うて、
絶対に「いいよ」言うてくれはる人やと思ったんです。
実際、喜んで力貸してくれはったし。
俺には〝人を見る目〟〝人を見分ける目〟がめちゃめちゃありますからね。
それに先輩に甘えられるの、新人の今のうちじゃないですか（笑）』

――そう答えた向井。

とはいえ、来年で〝ジャニーズ所属15周年〟を迎える向井康二に、今さら〝新人アピール〟をされても（笑）。

そんな向井だが、櫻井翔によると――

『アイツのそういうところが可愛い』

――らしいので、〝甘える先輩を見分ける目〟は、本人が言うように確かなようだ。

二宮和也との共演で芽生えた目黒蓮の夢

『ＣＭではお兄ちゃんに甘える役ですけど、
兄弟の距離間でのタメ口が難しくて、
二宮くんにはかなり迷惑をかけてしまって……』

現在、Ｓｎｏｗ Ｍａｎのメンバーの中で、唯一、個人で〝ＣＭらしいＣＭ〟に起用されている目黒蓮。それは嵐・二宮和也との共演ではあるが、全国ネットで放送されているだけに反響は大きい。そんなＣＭの撮影現場で感じた、〝兄〟二宮和也の偉大さ。

「コロナ禍でタイミングは良くありませんでしたが、この2月からJCBカードの企業CMにSnow Manの目黒蓮くんも登場しています。二宮くん単独のCMとしては、2010年5月から丸10年続くJCBカードが最も長いCMの仕事。そんなCMに起用された目黒くんは、現場でも

『**ガチガチに緊張してしまいました**』

——と、苦笑いで振り返ってくれました」

目黒蓮とはプライベートでも交流がある人気放送作家氏は、「CMのオンエアを初めて見た後に連絡をして、彼には感想を伝えました」——と、その時の話を明かしてくれた。

「まあ感想といってもCMは秒数も短いし、主役は二宮くんですからね。でもコミカルなCMに目黒くんの〝困り顔〟がピッタリとハマって、〝充分に印象に残る〟と伝えたんです」(人気放送作家氏)

それだけでも目黒は嬉しかったようで、また同時に——

『**ホッとしました**』

『**メンバーにも評判が良くて**』

——と口が滑らかになったそうだ。

「二宮くんと2人だけの仕事は初めてですし、またCM撮影は何テイクも撮るとはいえ、1日しかスケジュールがない。目黒くん自身は『**何日間もかけられるわけじゃないし、時間的なプレッシャーを2~3日前から感じていた**』──そうで、そのあたりはさすがにまだまだ〝新人さん〟だな~と新鮮に感じました」（同放送作家氏）

やはり相手が〝二宮和也〟で、しかも作品が〝JCBカード〟だからこその緊張は、結局最後まで拭えなかったとか。

「視聴者の皆さんは〝あの程度で?〟と思われるかもしれませんが、二宮くんの相手役を務めて〝芝居〟をすることは、セリフの量や出番の長さに関係なく、後輩だからこそ独特のプレッシャーに襲われるもの。ジャニーズ事務所を代表する演技派の先輩と、その先輩の作品を何本も見てきた後輩の共演ですから」（同氏）

なるほど。そこは当事者にしかわかり得ない感覚だろう。

「しかもCMの舞台はレストランで、エキストラの出演者もたくさんいる。カットごとに撮影しても、目黒くんは『**自分がキメなきゃ先に進まない**』──と、自分で自分に〝与えなくてもいいプレッシャー〟を与えてしまったのです」（同氏）

目の前の二宮はクスッと笑うと、そんな目黒の様子を察して――

『大丈夫だよ』

――と優しく声をかけてくれたという。

『CMではお兄ちゃんに甘える役ですけど、兄弟の距離間でのタメ口が難しくて、二宮くんにはかなり迷惑をかけてしまって……。
ガチガチになっている僕に――
「そうだよな。俺のほうが弟みたいだもんな。身長的には」――ってジョークで、僕もスタッフさんも一気に緊張が解けて(笑)。
二宮くんにとって大切な仕事、邪魔にならなくてよかった』

――そう言って撮影を振り返る目黒。

今回の経験を活かし――

『もしチャンスがあれば〝違うパターン〟での兄弟バージョンを演じてみたい』

――と、こんな夢を語ってくれた。

『俺の夢物語だけど、次は逆に弟が初任給でお兄ちゃんに奢ろうとする。
するとお兄ちゃんは「気持ちだけもらっておくよ」と断って、またカードで払ってくれる。
そんな兄と弟のストーリーを続けられたら本当に嬉しい』

テレビで見ていた、コンサートでバックに付いた先輩方の〝偉大さ〟は、こうして同じ現場に入ってこそ、初めて肌身に感じることが出来るのだ。

大切なのは、その経験を自分のものにして、次の仕事に活かすこと。

『そして本当の夢物語としては、
二宮くんに――
「目黒、JCBカードのCM、お前が引き継いでくれよ」
……みたいに、先輩の仕事を託してもらえるような自分になることかな』

確かにその夢が叶えば「最高！」のひと言だろう。
目黒蓮の夢、正夢になることを願おう――。

櫻井翔が注目する阿部亮平の才能

『正直、あのシャンパンの味は、
〝（泡がシュワシュワしてたな〜）〟ぐらいしか覚えてないけど、
櫻井くんと過ごしたあの時間は、泡のように消えたりしない』

〝理系のクセに〟と言っては大変失礼だが、嵐・櫻井翔に大学院卒業を祝ってもらった思い出を「泡のように消えたりしない」とは、文系のセンスにあふれるひと言。Ｓｎｏｗ Ｍａｎのダークホース的な波に乗る阿部亮平、ここからは本命馬の大活躍を見せる？

「阿部くんは合格率4％の気象予報士試験をJr.時代の2015年に突破した、当時からJr.を代表する秀才メンバーでした。大学は上智大学理工学部から大学院の理工学研究科に進み、理工学専攻情報学領域を専攻して人間とコンピューターテクノロジーの関係性を研究。大学院修了時には各学科で3名しか選ばれない学業優秀賞を受賞するなど、本来ならば立派な理系エリートとして社会に出るべき人材です。ちなみに大学院を修了した際には櫻井くんから食事に誘われ、シャンパンで乾杯した後、腕時計をプレゼントしてもらったエピソードはファンの間では有名な話です」（アイドル誌記者）

昨年から今年にかけて、各局のクイズ番組でブレイク中の阿部亮平。

今年1月には日本テレビ『クイズ！あなたは小学5年生より賢いの？』で全問正解、賞金300万円を獲得。

さらに阿部に最初に目をつけたテレビ朝日『ミラクル9』では、すでにエース解答者として番組に欠かせない存在になっている。

「阿部くんはジャニーズJr.になってから、ニュースキャスターとして活動を始めていた櫻井くんに注目。彼がただのアイドルではなく、慶應義塾大学経済学部を卒業していることを知り、のちに〝勉強キャラ〟を目指す時の参考にしたそうです」

話してくれたのは、フジテレビ『VS嵐』古参ディレクター氏だ。

「Ｓｎｏｗ Ｍａｎはデビュー前からウチにも出演してくれて、その時に阿部くんが櫻井くんにお祝いしてもらったエピソードを披露してくれたんです。収録後、櫻井くんに冗談で〝最近またJr.の面倒見がいいんじゃない？　阿部くんも兄貴会にスカウトするんでしょ〟とツッコんだら、櫻井くんは真顔で『アイツの努力が実を結ばなかったら困る。頑張った先に成功が待っていることを、アイツ自身に証明してもらいたい。だから（面倒を見る）』――と返してきたんです。さらに『まだデビューするかどうかわかんないグループだけど、もしデビューしたら、必ずアイツが蓄積してきたことがグループを活かす』――とまで阿部くんのことを買っていたので驚かされました」（『ＶＳ嵐』古参ディレクター氏）

内心「（まあ、そこまで上手くいけばいいけど……）」程度に流していたディレクター氏だったが、その収録から半年後にＳｎｏｗ Ｍａｎのデビューが発表され、改めて櫻井のセリフを思い出したという。

「そのうち、Ｓｎｏｗ Ｍａｎから阿部くんが単独でクイズ番組に出演するようになり、櫻井くんに〝スゴいね！　翔くんが言った通りに阿部くんの努力が実って〟と言うと、櫻井くんは『阿部に注目しなきゃいけない理由はクイズ番組だけじゃない。まだまだこれから面白くなるよ』――と、悪代官みたいな悪そ～な笑顔でニヤニヤしてるんです。果たしてそれは何のことなのか（笑）」（同ディレクター氏）

ことテレビに限って言うと、しばらく後に新型コロナウィルス騒動が起こり、ほとんどのスケジュールが白紙に戻されてしまったため、阿部の活躍の場も狭まる結果に。

しかし当の本人は自らの仕事が停滞してしまったことよりも――

『僕らのデビューを首を長くして待っててくれたみんなに、まだ満足に会えていないのが悔しい』

――と、常にファン本位の姿勢を崩さない。

「苦労したからこそ、人の気持ちがわかる男になってくれた。そう思いますね」(同氏)

阿部亮平の期待にたがわぬ活躍ぶりを見守る櫻井翔だが、当の阿部本人は櫻井について――

『正直、あのシャンパンの味は、
〝(泡がシュワシュワしてたな〜)〟ぐらいしか覚えてないけど、
櫻井くんと過ごしたあの時間は、泡のように消えたりしない。
俺もいつかあの時の櫻井くんのように、後輩を祝えるような先輩になりたい』

――そう話しているという。

『阿部に注目しなきゃいけない理由はクイズ番組だけじゃない。
まだまだこれから面白くなるよ』

この櫻井の言葉に隠された意味が、これから徐々に明らかになるはずだ。
〝まだまだこれから面白くなる〟阿部亮平から目を離さないでいよう。

宮舘涼太が抱えていた〝笑顔〟の悩み

『自分は〝笑顔〟が苦手で、出演した番組の録画を自宅で見ると、
いつも恥ずかしくなるほどぎこちなく笑ってるんですよね。
もうすぐデビューだし、〝さすがにこれじゃマズいよな〟って考えて、
癒し系笑顔が有名な戸塚祥太くんに習いに行って……』

確かに宮舘涼太の笑顔にぎこちなさを感じる時もあるが、それは間違いなく宮舘の〝個性〟。ラグビー日本代表の〝笑わない男〟ではないが、それこそ偽物の作り笑顔など必要ない。

本気で笑った時の笑顔に、得意も不得意もない。

もしあるとすれば、それは〝作り笑い〟が上手いか下手かの話。

宮舘涼太が自分自身の笑顔を〝ぎこちない〟と思うのは、それが紛れもなく〝作り笑顔〟だからだ。


『作り笑いか……確かにそれは否定出来ないよね。

〝笑顔が苦手〟と思っている時点で、

「何とか〝いい笑顔〟を見せなきゃ」――と思ってるんだから』

美しい笑顔、可愛い笑顔――見る者に好印象を与える笑顔を〝作る〟のは決して悪いことではない。

ずいぶん昔に「芸能人は歯が命」というキャッチコピーのCMがあったが、その白い歯を際立たせるのも笑顔の役割の一つ。

つまり芸能人にとって〝良い笑顔〟は、必要最低限の武器のようなものだ。

『俺は別に番組を楽しんでいないわけじゃないし、
たまには「今の笑顔は良かった！」と自画自賛することもある。
ただ全体的に見ると、他のメンバーや出演者よりもリアクションが薄いと感じるし、
上手く笑えないとカメラさんがあまり抜いて（※「映して」の意味）くれないし、
ワイプ（※画面隅の小窓）でも抜かれることがほとんどない。
視聴者に与える印象を心配する前に、
自分に返ってくるネガティブな現実から目を背けちゃいけない』

たかが笑顔と笑うなかれ。

もう皆さんにも、宮舘の悩みと、すでに受けている影響がおわかりだろう。

鏡の前で笑顔を作る練習は数え切れないほど繰り返したし、街を歩けばショウウィンドウに映る自分に笑いかける。街中のレストランやカフェ、食事処に入った際には、注文の締め括りに「お願いします」の言葉と共に微笑んで見せる。

そんな信じられないような訓練を、宮舘は続けてきたのだ。

『〝訓練〟は少し大袈裟に聞こえるかもしれないけど、
初対面の方を相手に笑ってみせる練習は、あんなにキツいというか、
ほぼ〝変[redacted]者〟を見るような目つきが返ってくるのは精神ヤラれる（苦笑）』

――そんな辛い想いをしてまで宮舘は〝笑顔〟にこだわった。

『ずいぶん昔、ある先輩のドームコンサートの前に、ジャニーさんに――
「笑顔は財産。惜しみなく使いなさい」
――とアドバイスされて、
俺は必死にステージの花道を歩きながら、
アリーナ席やスタンド席に笑顔を振り撒いていたんです。
今思えばあの時の笑顔ほど、自分の中で〝純粋〟なものはなかった。
何でそれが、どんどんと下手になっていったのか？
わからない答えとは、これからもつき合っていきますよ（苦笑）』

さて冒頭にあるように「これじゃあマズい」と悩んだ末、〝癒し系笑顔〟の戸塚祥太に習いに行った宮舘は、戸塚からどんなアドバイスを受けたのだろう。

『戸塚くんに――
「上手く笑おうとするんじゃなく、その場を楽しむのが先だろ？
もしダテちゃんの笑顔が本当にぎこちなかったら、それは全然楽しんでないから。
どんな番組でも全力で楽しむ人たちの笑顔は、誰だって輝いてるじゃん」
――って、イケメンの模範解答をされちゃいましたよ（笑）』

そう、上手く笑おうとする必要などない。
本気で楽しみ、本気で笑えば、それ以上に〝素敵な笑顔〟はないのだから。

佐久間大介にとっての〝人生の師匠〟

『キスマイの宮田くんとご飯に行った時、

「最近の自分の扱われ方が今一つ納得がいかない」

……みたいな話をしたんです。

宮田くんは〝ジャニーズ二次元同好会〟の会長として、
きっといろんな思いを経験したでしょうから』

佐久間大介が「あの方がいらしたから今の俺がある」と感謝するヲタク……じゃなかった先輩、Kis‐My‐Ft2の宮田俊哉。テレビ出演をきっかけにヲタク趣味が認知された佐久間は、それと同時に煩わしさも味わうように。先輩・宮田はそれをどう払拭してきたのか。

「佐久間くんが『アウト×デラックス』でヲタク趣味を全開させてから、オファーが〝アニメ愛みたいな話しか来なくなった〟そうです。それはつまり他のオファーが激減した、イコール〝仕事も激減した〟のだと。彼に言わせると『世間のアニメに対する偏見も影響している。やっぱり阿部ちゃんのように潰しが効く特技（※クイズ）を持ってると強い』──とか。でも新型コロナ騒動がグワっと広がったせいで、結果的にはみんな仕事が激減しましたけどね」

佐久間大介とはプライベートでも親しい人気放送作家氏は、佐久間とリモート飲みをした際、「彼はずっと文句を言っていた」と明かす。

「緊急事態宣言が出た後は外に出ての社会貢献活動も難しいので、大半は自宅で過ごさざるを得ません。アニメ趣味のヲタクは超が付くインドア派のイメージをお持ちでしょうが、佐久間くんはかなりアクティブで〝人が好き〟。だからせめてお喋り相手になって、ストレスが溜まらないようにと思ったんです」（人気放送作家氏）

案の定、お喋り相手がおらずに「超会話に飢えてましたよ！」と、佐久間は喜んでくれたそうだ。

「彼も、世間というかテレビ界、芸能界の先々の見通しを知りたがっていて、リモート飲みからしばらくの間は結構ネガティブなトーンの話になりました。先ほどの〝仕事が激減した〟話もそうです」（同放送作家氏）

アニメヲタクの佐久間は、通常なら翌日の仕事に影響が出ないよう〝控えめに〟見るアニメ作品も、自粛期間中は何も気にせず、ひたすら見続けていたのではないだろうか……。

「確かに佐久間くんは『**1日中、嫁（※佐久間が愛するアニメキャラクター）が出ている作品を流してる。一夫多妻だからネタは尽きない**』──とは話していましたが、お話ししたように佐久間くんはアクティブで人好きなので、やはり誰かに会ったり話したりがないと、アニメを見ているだけではなかなかストレスも解消されない様子でしたね」（同氏）

2人のリモート飲みが進むと、佐久間は──

『新しく見つけた趣味は〝思い出飲み〟。
楽しかった食事会や飲み会を自分一人で再現して、浸りながら楽しんでいる』

──と、打ち明けたそうだ。

「でもそれが大半、Ｋｉｓ－Ｍｙ－Ｆｔ２の宮田俊哉くんとの食事会や飲み会だそうで、『**やっぱ趣味が合わないとな〜**』と笑ってました」（同氏）

その宮田とデビュー直後に食事に行った際、佐久間は――

『改めて宮田くんの凄さを知った』

――と言う。

『キスマイの宮田くんとご飯に行った時、

「最近の自分の扱われ方が今一つ納得がいかない」

……みたいな話をしたんです。

宮田くんは〝ジャニーズ二次元同好会〟の会長として、きっといろんな思いを経験したでしょうから。

そうしたらニコニコしながら――

「佐久間、周りを気にしたり、イライラして憎んだりしているうちは、本物とは言えないぞ。

俺にはそんなしょうもない感情に時間を取られる暇、まったくないからな」

――って言うんです。

超カッコよくないですか⁉』

感心したようにそう話す佐久間大介は宮田俊哉を——

『アイドルやアニメの先輩ではなく、もう〝人生の師匠〟と呼んでも過言ではない』

——と語る。

とはいうものの……

『尊敬はしても〝宮田くんのようになりたい〟とは思っていない』

——そうだ。

その理由を佐久間は――

『だって宮田くんはＳｎｏｗ Ｍａｎにおける俺より、
Ｋｉｓ‐Ｍｙ‐Ｆｔ2においての扱いが酷いからね。
酷いというより〝底辺〟だから。
宮田くんにはそれすらを楽しめる度量があるけど、今の俺にはまだ備わっていない。
だから俺がもっと精神的に余裕のある人間になってから、
「宮田くんのようになれればな」――とは思う』

――しみじみ話してくれたそうだ。

「つまり、『まだ自分は人間的には宮田くんを目指せる〝器にない〟』――の意味です」（前出放送作家氏）

宮田レベルになるには〝自分に対する揺るぎない自信、そして鋼の心が必要〟――ということかも。

Snow Man

―俺たちの歩むべき道―

going their own way

4th Chapter

彼らの歩むべき道

深澤辰哉が大切にしたい〝自分自身を表す言葉〟

『メンバーやジャニーズの仲間からは「ふっか」と呼ばれ、先輩からは「深澤」、そして家族やプライベートの友だちは「辰哉」……他にも何種類か別の呼ばれ方をしたことがありますけど、つまり俺がかけられる声で一番多いのは、俺自身を表す言葉なわけです。そう考えたら「名前って、もっと大切に扱いたいな～」と思いません？』

〝深澤辰哉はこんなことを考えていたのか〟――と、良い意味で驚かされたエピソード。いつも人間の本質や本能について、ある種〝哲学的な見方〟をしていると噂の深澤だけに、ここでも独特な感性を発揮。確かに、名前は大切に扱いたいものだ。

「最初に聞いた時は頭の中が〝?〟マークだらけになりましたし、戸惑いました。でも本人はいつもテレビで見せる通りの涼しい顔だったので、〝本当にそんなことを考えているんだ……〟と、逆に感動してしまいましたね。だって〝名前を大切にしたい〟だなんて、すごく素敵な考え方ですから」

深澤辰哉とは〝まだ顔馴染み程度〟だという某アイドル月刊誌編集部のスタッフ氏は、昨年の暮れ、取材現場で深澤のほうから――

『珍しい名字ですよね』

――と声をかけられたという。

「名字を明かすことは出来ませんが、普通の方が一生でその名字に出会うかどうか、地域性とか特別な事情がない限りは一生で3人も4人も出会うのは奇跡に近いレベルの、なかなか珍しい名字です」
(編集部スタッフ氏)

私も彼と出会うまでは見たことも聞いたこともない、おそらくは正確に読むことも難しい漢字が使われているので、一度出会えば忘れられないインパクトとも言えよう。

「僕はこの名字で生きてきたので珍しがられるのには慣れてますが、深澤くんは『いつも何て呼ばれてるんですか？』『〝こう呼ばれたい〟みたいなのはありますか？』『一番イヤだったあだ名は何ですか？』――と、めちゃめちゃ食いつきがよかったんです」（同スタッフ氏）

しかしそのうち、さすがに若干面倒になってきたスタッフ氏は、しまいには「好きに呼んでいいですよ。本当に慣れてますから」と、かなりぶっきらぼうな対応をしてしまったそうだ。

「すぐに〝しまった！〟と思いました。相手はタレントさんですからね。すると深澤くんは恐縮して『気を悪くしたらごめんなさい。でも心から素敵な名字だと思ってるんです』――とフォローしてくれて。それで彼が、純粋に僕の名字に興味を持ってくれたのだとわかりました」（同氏）

さらに続けて深澤の口から出たのが、この言葉だった――。

『メンバーやジャニーズの仲間からは「ふっか」と呼ばれ、先輩からは「深澤」、そして家族やプライベートの友だちは「辰哉」……

他にも何種類か別の呼ばれ方をしたことがありますけど、

つまり俺がかけられる声で一番多いのは、俺自身を表す言葉なわけです。

逆に俺も、一生で一番多く使うのは、誰かを呼ぶ、表すセリフ。

そう考えたら「名前って、もっと大切に扱いたいな〜」と思いません?』

編集部スタッフ氏は自分の名字について「こんな風に言ってくれた人は初めてでした」と、深澤辰哉との会話を振り返る。

「奇妙なあだ名を付けたがったり、いきなり大声で名字を呼んだり、僕自身は名字に誇りを持っていても、周囲の多くはネタやからかいの対象にしたがった。だから深澤くんのセリフは本当に心に染みました」(同氏)

生まれてから背負ってきた名字と名前。

深澤が言うように〝自分自身を表す言葉〟なのだから、もっと大切に扱えるようになりたい——。

〝感性の天才〟ラウール

『俺はお父さんがベネズエラの人で、
スペイン語とかはほとんどわからないんですけど、
すごく印象的なことわざがあるんです。
それは向こうの言葉で、
「A・buen・entendedor・media・palabra」
――意味は〝よく理解する人は半分の言葉で足りる〟です』

日本生まれの日本育ち。ハーフといってもルックス以外、中身はコテコテ(?)日本人のラウール。ことわざはお国の言語こそ違えど類似の意味がほとんどで、「人間って考えることが一緒なんだね。だったらわかり合えるよ」――と、さらなるポジティブ思考を高める。

中南米のベネズエラ（Venezuela）は国の北側がカリブ海に面した、人口およそ2，900万人の国。正式には〝ベネズエラ・ボリバル共和国〟といい、首都はカラカス。

1498年にコロンブスが到達してからスペイン領となり、その後、大コロンビア共和国の一員を経て1830年に独立。輸出の95％を石油に依存する産油国だが、貧富の差が非常に激しいことでも知られている。ちなみに漢字では〝委内瑞拉〟と書く。

「ラウールくんは『**お父さんには申し訳ないけど、今はスペイン語よりも英語を強化したい。世界に出ていくには、やっぱり英語だから**』――と話していました。でもちゃんとベネズエラのことわざは『**理解したい**』と言うところが、彼らしさの一端ではないでしょうか」

ラウールについてそう話すのは、TBSテレビ制作プロデューサー氏。

確かに、自分のルーツは〝意識している〟ラウールらしいセリフだ。

ことわざを理解することで、その国の人々の物の見方がよくわかる。

「将来的にはアメリカ進出をきっかけに世界ツアーを行うことを『**現実的な夢**』――と言うラウールくんですから、語学より先に〝ことわざでその国を知る〟のは、新しい世代の〝理解術〟になるのでは」（TBSテレビ制作プロデューサー氏）

なるほど。それは一理ありそうだ。

『俺はお父さんがベネズエラの人で、スペイン語とかはほとんどわからないんですけど、すごく印象的なことわざがあるんですよ。

それは向こうの言葉で――

「A・buen・entendedor・media・palabra」

――意味は〝よく理解する人は半分の言葉で足りる〟です。

日本語では〝一を聞いて十を知る〟と言うみたいで、
俺もこれからいろんな経験を積んで、
滝沢くんやスタッフさん、Snow・Manのメンバーたちに、

「ラウールの理解力ハンパないな!」――と驚かれたい』

阿部亮平が〝勉強的な秀才〟なら、ラウールは〝感性の天才〟。
そう呼ばれる日は近いかも――。

渡辺翔太がふと溢した〝人生哲学〟

『エレベーターが何台も並んでるビルとかデパートとか、あるじゃないですか。
自分でボタンを押して最初に来たヤツに乗れば、
必ず一番早く目的の階に着くわけじゃない。
スマホいじって見逃して、次に来たヤツに乗ったら、
ノンストップで上に着いたりする。
もしかしたら3番目のヤツが一番早いかもしれない。
人生の選択ってそんな感じかもね（笑）』

普段、エレベーターホールで考えるのは、せいぜい「どのエレベーターが最初に来るか」「混んでて乗れないと嫌だな」程度。渡辺翔太のようにエレベーターを人生に喩えるなんて、阿部亮平と同じく、アイドル以外にも大成の道が？

「これはもう、普段の鋭い観察力から出た言葉でしょう。〝アイドル哲学大賞〟を与えたいほどの名言ですね」

こう言って驚きの声を上げるのは、ＳｎｏｗＭａｎがレギュラーを務めるフジテレビ『７Ｇ』現場ディレクター氏。

ＳｎｏｗＭａｎが『Ｄ.Ｄ.』でデビューした直後の収録の際、渡辺翔太が何気なく語ったセリフに対してだ。

「湾岸スタジオにはエレベーターがそう何基も備わっているわけじゃないので、タレントさんをお待たせすることもある。エレベーター前で渡辺くんたち３～４人と上りのエレベーターを待っていたら、ふいに渡辺くんが話し始めたんですよ」（『７Ｇ』現場ディレクター氏）

その時、渡辺がふと溢したのが、こんな言葉だった――。

『エレベーターが何台も並んでるビルとかデパートとか、あるじゃないですか。

自分でボタンを押して最初に来たヤツに乗れば、必ず一番早く目的の階に着くわけじゃない。

スマホいじって見逃して、次に来たヤツに乗ったらノンストップで上に着いたりする。

もしかしたら3番目のヤツが一番早いかもしれない。

人生の選択ってそんな感じかもね（笑）』

――何気なくそう話した渡辺は、さらに続けて言った。


『常に疑問を感じるクセをつけておくと、いかに日常が面白いかを味わえる。

普段の生活って、こんなにワクワクするんだよ』

――と。

残念ながらそこにエレベーターが到着し、渡辺教授（?）の特別授業は終了。

そして渡辺翔太は――

『大切なのは目的の階が決まってること』

――と、最後に哲学的なセリフを残してくれた。

そしてこのエピソード、当の渡辺本人は「まったく哲学的とは思っていない」からこそ、シビれるではないか――。

向井康二が平野紫耀から受けた助言

『東京Jr.に移籍する前、
紫耀と会うてメシ食いながらいろいろとリサーチしたんです。
Snow Manはどんなグループか、
俺は外からしか知らんかったけど、紫耀なら絶対に詳しいし。
そんでSnow Man以外にも、
俺の性格から「誰かぶつかりそうなヤツおる?」って聞いたら、
笑って「いるわけないでしょ」言うんです』

関西ジャニーズJr.ではベテランの向井康二でも、東京Jr.に移籍する際には「真っ白な新人のつもりで」やって来たという。そんな向井のかつての同僚、King & Princeの平野紫耀に、コッソリと自分と合いそうにないJr.を告げ口(?)してもらい、準備を整えるつもりだった向井康二。ところが返ってきたのは、やたらと〝大人〟な平野の名言。

テレビ朝日でジャニーズJr.の番組やイベントを担当するディレクター氏は、昨年末、デビューを控えたSnow ManとSixTONESがテレビ関係者と食事を行った席で、向井康二から――

『紫耀は使えへん!』

――との文句を聞かされたそうだ。

「向井くんに言わせれば『危なかったんですよ。アイツがちゃんと教えてくれへんから』――と、Jr.の間で何らかのトラブルになりかけたようです」(テレビ朝日ディレクター氏)

実は向井、自分の関西ジャニーズJr.としての最後のコンサートを構成、演出した関ジャニ∞の大倉忠義に呼び出され――

『関西から(東京に)行ったヤツらはみんな苦労する。お前もしっかり、今の東京Jr.の勢力図を把握せなあかんよ』

――と、焚きつけられていたのだ。

「『そらやっぱり郷に入れば郷に従えやけど、その郷の様子を知るために紫耀を呼び出した』――と、向井くんは話してくれました。確かに平野くんは2013年には事実上の東京Jr.入りしているわけで、向井くんよりも最新の相関関係に明るいですからね」(同ディレクター氏)

ところが冒頭のセリフのように、平野は――

『そんな心配、するほうがおかしいって』

――と向井を笑い飛ばす。

関西ジャニーズJr.のKin Kanを経て東京へ、Mr.KING vs Mr.PRINCE、Mr.KING、King & Princeと王道を歩み続けた平野を信じるしか、当時の向井には選択肢がなかったのだ。

それでも文句を言っているということは、平野と違って向井は〝東京Jr.に受け入れてもらうまで時間がかかった〟のだろうか。

『東京Jr.に移籍する前、紫耀と会うてメシ食いながらいろいろとリサーチしたんです。
Ｓｎｏｗ Ｍａｎはどんなグループか、
俺は外からしか知らんかったけど、紫耀なら絶対に詳しいし。
そんでＳｎｏｗ Ｍａｎ以外にも、
俺の性格から「誰かぶつかりそうなヤツおる?」って聞いたら、
笑って「いるわけないでしょ」言うんです。
たぶんアイツも関西から東京に上京した時、きっと揉めたりしてるクセに。
せやから「何でや?」って聞くと、
「Jr.はみんな同じ方向を向いてるから、
そっちに向かって歩いてんのにぶつかるわけない」──だって。
イヤイヤ、「紫耀のヤツはどんだけ成長しとんねん!」……と、そん時は思いました』

さて向井康二が「危なかった」と言うトラブルだが、それはＳｎｏｗ Ｍａｎでのレッスン中、いきなり――

『お前が入ってＳｎｏｗ Ｍａｎのレベルが落ちた。
そういうの、〝洒落にならねえ〟って言うんだよ』

――と、ドスの利いた声で叱り飛ばされた事件だったという。

「叱り飛ばしたのは古参の振り付けスタッフで、容赦のない罵声は日常茶飯事。何も向井くんだけが叱り飛ばされているわけじゃありませんよ（苦笑）」（前出ディレクター氏）

ならば、いくら何でも平野紫耀のせいにするのは筋が違うような気も……。

そもそもスタッフは、叱るのも〝お仕事〟のうち。
それもこれも〝Ｓｎｏｗ Ｍａｎの成長のため〟なのだから。

あの先輩も絶賛する目黒蓮の〝感〟の良さ

『本当にカッコいいのはルールの中で最大限に〝遊ぶ〟ことだと思っていて、はみ出すことが〝楽しい〟ってのは、単に工夫やアレンジ能力が足りないだけ。ルールの外で好き勝手やることを才能だと勘違いしないで欲しい』

もちろん具体的に誰かを指してのセリフではないが、目黒蓮は「ルールの中で新しい遊びを見つけることこそ、〝自由〟の新しい醍醐味なんじゃない？」と、新たな説まで提示してくれた。

それはまだＳｎｏｗ Ｍａｎでデビューする前のこと。

目黒蓮はプライベートの友人に、〝あまり自由がない、今自分が置かれている環境〟について、

「お前は手のひらの上で転がされたいのか?」

――と、笑われたらしい。

それに対して目黒が――

『たとえば、やりたいことが50%しか出来ない環境だとしとも、そこで100%楽しめる人間のほうが幸せなんじゃない?』

――と反論すると、その友人はぐうの音も出なかったそうだ。

『本当のことを言うと、その考え方を教えてくれたのは東山さんです。
Ｓｎｏｗ Ｍａｎに加入してしばらく経った頃、なぜかスタッフさんを通して連絡をくださって。
お食事に誘って頂きました』

このところ東山紀之がジャニーズの後輩とレギュラー仕事で絡むのは、『必殺仕事人』シリーズの松岡昌宏と知念侑李ぐらい。

確かに2018年1月『JOHNNY'S Happy New Year IsLAND』に特別出演し演出にも名前を連ねているが、わざわざ目黒蓮を呼び出す理由が見当たらない。

『俺も驚きましたけど、その前に〝戸惑った〟のが本音。当時の東山さんは俺クラスのJr.にしたら、マッチさんと並んで雲の上の伝説の先輩ですから』

しかしジャニーズに詳しい某大物放送作家によると、東山が「これは」と目をつけたJr.を食事に誘い出すことは珍しくないらしい。

「ヒガシくんは定期的にマネージメント部門のスタッフを呼び出し、〝今キテいる〟注目メンバーを挙げさせているんです。相手が未成年だとランチ、成人はディナーに誘う。目黒くんは成人だったので、麻布十番の和食屋に席を取ったようですね」(大物放送作家)

つまり目黒もマネージメント側から東山に推薦されたメンバーで、タイミング的には滝沢秀明から「メシでも食わせてやってもらえませんか」と頼まれた可能性もある。

『ただ、僕は少年隊さんを映像でしか見たことがないので、
2人っきりで何を話せばいいのか、まったく浮かばずに頭が真っ白になってました。
そこで無意識に出たのが――
「よく先輩に〝恵比寿くんだよね〟とか〝五反田くん元気?〟とか、
目黒駅の両サイドの駅名でからかわれます」……でした。
すぐに〝(何つまんないこと言ってんだよ、俺!)〟と血の気が引きました(笑)』

JR山手線で目黒駅の両サイドの駅名――先輩たちも目黒との距離を縮めるためにボケたのだろうが、
ほぼ小学生レベル(笑)。

ところがそのボケに――

『俺なら〝不動前くん〟と言うかな。
そうしたらお前が〝それは東急目黒線です〟ってツッコむだろうし、
すかさず〝そうそう、目黒くん〟と返す。
なかなか美しいだろ』

東山がボケの上にボケを乗せて話に乗っかってきた。

『それで僕も救われて、一気に緊張がほぐれました。
東山さんは――
「Ｓｎｏｗ Ｍａｎは俺も昔から知ってるけど、
外から見たイメージと実際に中に入るのとでは、ずいぶんと違うんじゃないか？」――などと、
すごく気を遣ってくださって』

さらに東山は――

『いくらJr.でもメジャーなグループに入ると誘惑も増えるから、
自分を見失わないように気をつけるんだよ』

――と、明らかに〝デビュー〟を念頭に置いているかのようなアドバイスを始める。

『そんなことは頭の片隅にもなくて、

東山さんの言葉を聞き漏らさないように必死で。

でも一番仰りたいことはきっと――

「本当にカッコいいのは、ルールの中で最大限に〝遊ぶ〟こと」

「ルールの中で新しい遊びを見つけることこそ、〝自由〟の新しい醍醐味」

……だったんだろうなと。

〝自由の醍醐味〟っていうのは、僕の勝手な解釈ですけど（笑）』

このエピソードからわかるのは、目黒蓮の勘の良さで、それは〝感性〟の〝感〟に置き換えることも出来るのではないだろうか。

『もし生意気だと思われたら「ごめんなさい」ですけど、
俺は絶対に「ルールには縛られたくない。反抗する俺、カッケーじゃん」

……みたいな男にはなりたくないんですよ。

もともと、そういう俺になるイメージもないか(笑)。

でも本当にカッコいいのは、ルールの中で最大限に〝遊ぶ〟ことだと思っていて、
はみ出すことが〝楽しい〟ってのは、単に工夫やアレンジ能力が足りないだけ。

〝才能〟っていうのは、ルールの中で新しいトレンドを生み出せる人に与えられる言葉。

ルールの外で好き勝手やることを才能だと勘違いしないで欲しい』

――そう語った目黒蓮。

ちなみに東山紀之は食事の後――

『あの子はいいね。やるべきことがわかっている』

――と、絶賛していたことを付け加えておこう。

〝自分に何が出来るのか〟——阿部亮平が憂う〝心の疲れ〟

『今回のCOVID‐19の一番の問題って、
「みんなの心が疲れちゃったことじゃないかな」……って思うんです。
例のソーシャルディスタンスを少しでも踏み出る人がいたら手で追い払ったり、
お弁当やスイーツの前で咳をしたら遠くから舌打ちが飛んできたり。
おかしいなぁ〜、コンビニって殺伐とした場所じゃないよね?』

緊急事態宣言がもたらしたもの。それは経済的な負担のみならず、人が人を疑い、排除する光景だった。阿部亮平は「これじゃあいけない」と感じると同時に「テレビに出る者として〝何が出来るのか?〟考えさせられる期間だった」と明かす。

フジテレビ制作ディレクター氏は、阿部亮平とはJr.時代から仲が良く、自粛中はネット通話で情報を交換し合っていたという。

「4月に入る前ぐらいに、阿部くんから『**この先どうなりそうですか？**』――と連絡が入り、緊急事態宣言が出された後のテレビ番組の放送態勢について聞かれました。すでにスタジオ収録は止まっていて、**僕らは改編期の編集に追いまくられていた頃です**」

改編期の期首特番は収録済み、あるいは予定通りに放送されていたが、4月からの新番組に関してはバラエティー番組もドラマも初回からせいぜい2回分、その他のレギュラー番組も過去映像を付け足して誤魔化しても、とてもゴールデンウィークまでもたない状況だった。

「その後も週1か2ぐらいで会話していましたが、阿部くんも『**チャリティーをしたくてもタレントが表に出れないから、協力してくれるファンにも申し訳ない**』――と、かなりのジレンマを感じていましたね。仮にネットを通して何かを発信するにしても、『**おそらくは〝双方向じゃない〟から、ファンは納得してくれるのだろうか**』――と。彼は真面目な上に、細かいところが気になる人なので」（フジテレビ制作ディレクター氏）

するとしばらくしてワイドショーがゲストの〝リモート出演〟を始め、それがバラエティーやドラマに応用されるようになる。

「阿部くんも『ようやく打ち合わせが再開しました』――と喜んでいましたね。ただし日常生活については『正直に言ってモヤモヤしてます』――とも話していました」（同ディレクター氏）

阿部をモヤモヤさせてしまったのは、どんな日常だったのだろうか。

『『ミラクル9』のリモート打ち合わせでも話してたんですけど、
今回のCOVID-19の一番の問題って、
「みんなの心が疲れちゃったことじゃないかな」……って思うんです。
僕は日常品の買い物すらギリギリまで控えていたけど、
コンビニでレジに並ぶお客さん同士もギスギスしてましたね。
例のソーシャルディスタンスを少しでも踏み出る人がいたら手で追い払ったり、
お弁当やスイーツの前で咳をしたら遠くから舌打ちが飛んできたり。
おかしいなぁ〜、コンビニって殺伐とした場所じゃないよね？』

緊急事態宣言に入ってからの〝自粛警察〟など——

『今回の新型コロナは、人々の嫌な面を炙り出してしまった』

——と、嘆いていたという阿部。

そんな荒んだ心を癒すのは、阿部たちアーティストの役割。

『テレビに出る者として何が出来るのか？』

タレントとして、そしてアーティストとして、人々の心に一日も早く〝穏やかな笑顔〟をもたらせてくれることを願おう。

宮舘涼太に刺さった河合郁人からのアドバイス

『郁人くんに、

「どうやってそんなにたくさんレパートリーを増やしたんですか？」

――と聞いたら、

「勝ちたいから」

――って答えてくれたんです。

「武器は多ければ多いほど〝勝つ〟確率が高くなる。

お前は年中〝桶狭間〟で戦ってんのかよ」

――と言われた時は、納得するしかなかったです』

どれだけ多くの武器を持てるかどうか――A.B.C-Z河合郁人の〝ポリシー〟に感動すら覚えた宮舘涼太。振り返って自分にはどんな武器が、どれ程あるというのだろうか。

「時代劇大好きな宮舘くんには〝刺さった〟かもしれませんね。〝武器は多いほうがいい〟という考え方には賛成ですし、確かに河合くんは頑張ってレパートリーを増やしていました」

NHK BSP『ザ少年倶楽部』制作プロデューサー氏は、今年初めの収録の際、宮舘涼太から――

『郁人くんにこんなアドバイスをされたんですけど……』

――と、冒頭のセリフを明かされたそうだ。

「まあ、河合くんの〝ジャニーズものまね〟が最も多く披露されたのはウチの番組でしょうし、彼をその道に走らせた責任の一端は感じてます。とはいえ宮舘くんに語ったことからも想像がつくように、〝自分にしかない武器〟を模索しながら精進するのが、ジャニーズJr.も含めて、まだポジションを確定させていないデビュー組の日常ですから」（『ザ少年倶楽部』制作プロデューサー氏）

この場合の〝ポジション〟とは、視聴者における認知度、あるいは「○○の特徴といえば?」のようなイメージ調査の意味合い。

つまり「河合郁人といえば〝ジャニーズものまね〟」を、何とか定着させるように頑張っているということだ。

「そうやって考えると、デビュー前のSnow Manにはまだ個人でそこまで抜けているメンバーがいませんでしたが、今は阿部亮平くんがジワジワと〝クイズキャラ〟で台頭している最中。あと1人、2人が阿部くんに続けば、Snow Manもグループとして一般論な知名度を獲得することが出来ます」（同プロデューサー氏）

かつての先輩たちでいえば、SMAPが〝キムタクブーム〟に乗って大ブレイクを掴み、嵐が松本潤の〝花男ブーム〟で再生したように、か。

「宮舘くんと話していると、河合くんのアドバイスをポジティブに受け止めている様子は窺えました。だからといって、すぐに何らかの武器が身につくわけではありませんが、しかし〝武器を身につけたい〟意識を持ちながら活動することが大切で、常に備える準備が出来ている人間じゃないと、所詮は〝偶然の産物〟に頼るしかなくなる。その点、宮舘くんは大丈夫です。彼だけの武器を身につけてくれますよ」（同氏）

河合のアドバイスを受け止めた宮舘はこんな風に語っている——。

『郁人くんが〝ジャニーズものまね〟でテレビに出てるけど、俺らは何年も前から見てるから、やっと世間が追いついた感じですね（笑）。

でも前に、郁人くんに、

「どうやってそんなにたくさんレパートリーを増やしたんですか?」

——と聞いたら、

「勝ちたいから」

——って答えてくれたんです。

「武器は多ければ多いほど〝勝つ〟確率が高くなる。お前は年中〝桶狭間〟で戦ってんのかよ」

——と言われた時は、納得するしかなかったです』

しかし納得はしたものの、宮舘には宮舘なりのポリシーもある。

『いくら大量の武器と兵隊がいても、
関ヶ原の戦いは絶対的優位に立っていた石田三成の敗北でしたからね』

――そう言ってニヤッと笑ったという宮舘。

〝武器〟は多いほうがいいが、ただむやみに多いだけでは役に立たないこともある。
関ヶ原の石田三成にならないように、宮舘にはぜひ〝必殺の武器〟を身につけて欲しいものだ。

彼らが見つめるSnow Manの〝未来〟

『デビューしてすぐにタイに行ったじゃないですか、
バンコクの『JAPAN EXPO』。
あの時、すげえハードスケジュールだったけど夜に少し時間があって、
ふっかや阿部ちゃんと話したんです。
「最近の俺たちは温くないか?」――って』

デビュー当初だからこそ見えてくる〝自分たちの姿〟。
さて3人はどんな話をして、どんな結論に辿り着いたのか――。

大都市バンコクの中心地で開催される『JAPAN EXPO』には、日本からも大挙アイドルファンが押し寄せる。

しかもデビュー直後の新人とはいえ、ジャニーズの現役アイドルが参加したのは初めてだ。

『「俺ら〝Snow Man〟」――って言うと、
ホテルの人とかにやたらと受けがよかったんだけど、
そりゃあ、あの国じゃ雪なんて降らないもん(笑)。
それに出発前に塚田くんに聞いたんだけど、
女性アイドルはAKBさんから地下アイドルまで、
TIF(※TOKYO IDOL FESTIVAL)並みに出ているんだってね』

ジャニーズ事務所とタイの縁は深く、かつては2006年に〝Kitty GYM〟が日本で活動。
タイ人のGOLF & MIKEに加え、何とセンターは山下智久で、当時はまだJr.の北山宏光(K)、伊野尾慧(i)、戸塚祥太(tt)、八乙女光(y)の超豪華ユニットだった。

『覚えてるよ！
俺がJr.に入った、確か翌年だよ。
〝S〟の字が入ってないから、俺は呼ばれなかったけど……なんて（笑）。
そもそも康二はお母さんがタイの人だし。
俺たちにとってタイは、最初の海外進出に相応しい国』

そんなバンコクで「観光のためにも3日ぐらいは滞在したかった」と苦笑いの佐久間だが、現地のファンの大歓声は大きな自信となり、気持ちが高ぶったまま、深澤辰哉、阿部亮平と語り合ったという。

『まあ、そんなに大袈裟なエピソードはないけど、
でもその頃は中国ツアーの予定も入っていたし、
「自分たちはこうしてアジアのファンに会いに来て、コツコツといろんな国を周りたいね」
――みたいな話にはなりました。
変な話、日本だけで満足したくないというか、
俺たちのパフォーマンスを知ってもらいたいというか』

現在、いわゆるアイドル人気を獲得しているパフォーマンスグループはタイにはおらず、男性グループはBTS、女性グループはTWICEがほぼ人気を独占しているタイの音楽市場。両者の2番手、3番手人気も、入れ替わりはあってもK-POPグループだ。

『Jr.の頃からK-POPは意識してるし、
Snow Manがアクロバットのレベルと完成度にこだわっているのも、
K-POPにはそこまでやるグループがいないから。
それでダンスパフォーマンスが互角なら、俺たちは十分に勝負出来る。
SMAPさんからTOKIO、KinKi Kids、V6、嵐……などなど、
ほとんどの先輩たちはアジア地域でライブの経験はあっても、
本格的に十か国ぐらい周るようなツアーはやっていない。
「それを俺たちが」――で意見は同じだった』

――深澤と阿部も、なかなか日本では話さない心の奥底を打ち明けてくれたそうだ。

『でもさ、言ってるだけじゃ始まらない。

2年後になるか3年後になるかわからないけど、実現させなきゃ何の意味もないからね』

少しでも時期が後ろにズレたり、あるいはCOVID‐19のパンデミックが早まっていれば、バンコクの『JAPAN EXPO 2020』が開催されることはなかっただろう。
デビュー直後のSnow ManがJAPAN EXPOのステージに立ったのは〝運命〟かもしれない。

『あの時、すげえハードスケジュールだったけど夜に少し時間があって、
ふっかや阿部ちゃんと話したんです。

「最近の俺たちは温くないか?」――って。

それこそデビューが決まる前は、Jr.の中でも誰もやりたくない〝キツい仕事〟だからこそ一番に、

「俺らがやります!」と手を挙げるのがSnow Manの本領発揮だった。

〝やり方は後で考えればいいから、とりあえず目の前の仕事は頂きましょう〟みたいな。

「果たしてその気持ち、デビューしてからも持てるのか?」

「デビューしてからのほうが大切なんじゃ?」――ってね』

これから徐々にテレビ出演やイベント、コンサートが解禁されていく中で、おそらくはファンの皆さんを楽しませる、新たな戦略も練られていることだろう。

佐久間大介と深澤辰哉、そして阿部亮平が熱く語り合った〝未来〟を実現させるような――。

Ｓｎｏｗ Ｍａｎがアジアに、そして世界に大きく羽ばたくのは――これからだ。

エピローグ
～〝9人のSnow Man〟に戻る時～

「Snow Manは昨年8月のデビュー発表からの前評判を覆し、キンプリのメンバーが嫉妬するぐらい（ジャニーズ）事務所からもプッシュされています。決してキンプリ、それにSixTONESも推されていないわけではないんですけど、Snow Manがやたらと目立ちますからね。特に昨年1月からの新メンバー、向井康二くんと目黒蓮くん、そしてラウールくんの活躍が目立ちますね」

（アイドル誌ライター）

その3人に負けじと、〝元祖〟Snow Manメンバー6人が頑張り、グループがより活性化している様子は、皆さんには本文エピソードでお楽しみ頂けたと思う。

さらに単独でのミリオンセールスが夢ではない『D.D.』のMVを筆頭に、Snow ManのYouTubeチャンネルは5月末現在で9,000万回再生を超え、チャンネル登録者数も73万2,000人を数えるまでに至った。

ここまでの大ブレイクを予測していたのか、「メンバーを増やしたい」と滝沢秀明に申し出た岩本照、それを受け入れて最終的に3人を抜擢した滝沢秀明の慧眼には、まさに〝畏れ入りました〟と素直に頭を垂れる他ないだろう。

「正直なところ、Snow ManとSixTONESには〝もうデビューはない〟と見ていたTVマンがほとんどで、King & Princeに続くのは〝Hi Hi Jetsと美 少年〟に絞ってジャニーズにアプローチしていましたからね。Snow ManとSixTONESの2組がデビューしても〝打ち上げ花火〟程度で終わるだろう……と。それが蓋を開けてみると、特にSnow Manのバラエティ適性の高さは若手ジャニーズで群を抜いていて、すでに10月以降の冠番組オファーが殺到しているとか。前評判を実力で覆した〝ジャニーズ下克上の象徴〟と言っても過言ではありません」

（フジテレビ関係者）

ここで一層の飛躍を目指すには、やはり岩本照の復帰が不可欠の条件になるだろう。

プロローグで触れた『滝沢歌舞伎ZERO 2020 The Movie』のクランクインに合わせて復帰する形が、おそらくは最も良いタイミングになるのではないか。

「そのためにも彼は、毎日のように社会貢献活動に勤しんでます。表には出ませんけどね」

こう証言するのは、謹慎中の岩本照の様子を知る、数少ない関係者氏だ。

「具体的な話をすると迷惑がかかる相手がいるので出来ませんが、ジャニーズの〝Smile Up Project〟の裏方として、懸命に社会貢献活動に取り組んでいるそうです」（同関係者氏）

〝謹慎〟〝芸能活動の自粛〟と聞くと、どうしても自室に籠ってひたすら反省の時間を過ごすイメージだが……。

「そんな型通りの謹慎に意味があるとは思えません。もちろん緊急事態宣言以降はテレワークでの作業でしたが〝救援物資の詰め込み〟だったり、〝自分がやれることは何でもやります〟――と、岩本くんは意欲的に取り組んでいたと聞いています」（同氏）

一つお断りしておきたいのは、その活動を〝謹慎のペナルティー〟であるかのように受け止めることはおやめ頂きたい。

岩本照は純粋な気持ちで――

『芸能活動は自粛しても、社会貢献活動はそもそも自粛するものじゃない』

――と、周囲の反応を厭わずに自ら手を挙げたのだから。

「岩本くんはもう大丈夫。二度と同じ過ちを繰り返さないでしょう」(同氏)

あの3月30日、TBSテレビ『CDTVライブ!ライブ!』初回4時間スペシャルでの謝罪をメンバーの糧にするためにも、やはり岩本照自身がカメラの前に姿を現し、改めてもう一度、謝罪の言葉をファンや視聴者に伝えることが必要になるだろう。

「2年半以上前、もちろんSnow ManにはCDデビューの話すら持ち上がっていなかった頃の出来事でも、ここまで真摯に自分を見つめ直し、反省することが出来たのです。僕らが言うセリフではありませんが、もう許されるべき時期に来ていると思いますよ」(同氏)

岩本照が帰ってきてこそ、〝9人のSnow Man〟に戻ってこそ、本当のブレイクが訪れるのではないだろうか。

たとえ9人で過ごした時間は短くとも――

『この9人から誰一人欠けることなく前に進みたい』

――それが彼らの願いなのだから。

Snow Man

—俺たちの歩むべき道—

going their own way

〔著者プロフィール〕

あぶみ瞬（あぶみ・しゅん）

長年、有名アイドル誌の専属ライターを務めた後、地下アイドルのプロデューサーとしても実績を残す。同時にアイドルのみならず、クールジャパン系の情報発信、評論家としての活動を始める。本書では、彼の持つネットワークを通して、Snow Manと交流のある現場スタッフを中心に取材を敢行。メンバーが語った「言葉」と、周辺スタッフから見た彼らの"素顔"を紹介している。

主な著書に『SixTONES × Snow Man ― go for the TOP! ―』『Snow Man vs SixTONES ―俺たちの未来へ―』（太陽出版）がある。

Snow Man
―俺たちの歩むべき道―

2020年6月30日　第1刷
2020年9月20日　第2刷

著　者…………… あぶみ瞬

発行者…………… 籠宮啓輔

発行所…………… 太陽出版
東京都文京区本郷4−1−14　〒113-0033
電話03-3814-0471／FAX03-3814-2366
http://www.taiyoshuppan.net/

デザイン・装丁… 宮島和幸（ケイエム・ファクトリー）

印刷・製本……… 株式会社シナノパブリッシングプレス

ISBN978-4-86723-001-5

◆ 既刊紹介 ◆

嵐　ARASHI
未来への希望

矢吹たかを［著］　¥1,400円+税

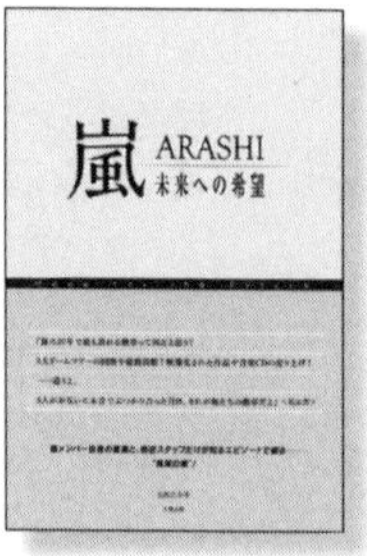

『嵐の20年で最も誇れる勲章って何だと思う？
5大ドームツアーの回数や総動員数？
映像化された作品や音楽CDの売り上げ？
……違うよ。
5人がお互いに本音でぶつかり合った月日、
それが俺たちの勲章だよ』〈松本潤〉

嵐メンバー自身の言葉と、
側近スタッフだけが知るエピソードで綴る——
"真実の嵐"！
テレビ等のメディアが伝えない"嵐の今、そして、これからの嵐"を独占公開!!

【主な収録エピソード】

・嵐活動休止後に始まる大野智の"第二の人生"
・"ユーチューバー大野智"誕生の可能性
・櫻井翔"ナンバーワンキャスター"への道
・櫻井翔を取り巻く"恋愛事情"
・相葉雅紀の胸に染みる"志村けんさんからの教え"
・東京オリンピック延期で囁かれる"相葉雅紀単独ナビゲーター"
・貫き続ける"嵐の二宮和也"としてのスタンス
・二宮和也が抱える"2つの爆弾"
・松本潤が切り開く"アイドル"を超えた新たな道
・松本潤が悩める平野紫耀にかけた言葉

嵐ノコトバ
―ARASHI名言集―

スタッフ嵐［編］　¥1,400円+税

『何でもいいから自分に言い聞かせる、
一歩前に進める言葉を持とうよ。
"座右の銘"とか、大袈裟に考えなくていいから。
ちょっとした勇気をくれる言葉をさ』〈松本潤〉

嵐5人の想いが溢れるコトバとその想いを集約！
嵐20年分の想いが詰まった"選りすぐりのフレーズ"を収録!!

◆ 既刊紹介 ◆

King & Prince
すっぴん★キンプリ

谷川勇樹［著］ ¥1,300円+税

メンバーに超密着！
メンバー自身の言葉と側近スタッフが語る
“素顔のキンプリ”超満載 !!

【主な収録エピソード】

・紫耀が流した“悔し涙”
・廉と紫耀が“最低でも叶えたい夢”
・廉の心を動かした“村上信五の言葉”
・海人がジャニーさんに叱りつけられた日
・優太が持っている“リーダーとしての最高の資質”
・勇太が感じている“デビューしてからの責任”
・勇太から玄樹への“心からのエール”

NEXTブレイク前夜！
Snow Man × SixTONES × なにわ男子

あぶみ瞬［著］ ¥1,300円+税

『これまでに何度も、
“デビュー出来るかもしれない” って夢を見て、
そのたびに挫けてやり直すの繰り返しだったけど、
でも仲間や先輩たち、時には後輩にも支えられて、
「今の Snow Man、今の岩本照が“史上最も充実している”」
――と自信を持って言えるのは、
それだけの時間と経験が俺たちには必要だった証拠だと思うんです』〈岩本照〉

次世代を担う超人気ユニット――
滝沢秀明プロデューサー率いる3組の知られざる素顔が満載！
超人気グループの情報解禁!!
初公開★エピソード満載!!

◆既刊紹介◆

Snow Man vs SixTONES
—俺たちの未来へ—

あぶみ瞬［著］ ¥1,400円+税

**『何があっても俺がSnow Manを引っ張る。
それを改めて8人が認めてくれるような、
そんな男にならなければいけない』**〈岩本照〉

**『メンバー6人で、誰も見たことがない景色を見てみたい。
SixTONESをそこまで高めるのが俺の役割』**〈ジェシー〉

ユニット結成からデビューに至るまでの葛藤
デビューまでの舞台裏と今後の戦略、メンバー間の結束と絆
彼らの知られざる素顔が満載！
側近スタッフしか知らないエピソード解禁!!

【主な収録エピソード】

★1st Chapter　Snow Man vs SixTONES ヒストリー
・戦友からライバルへ
・ジェシーに救われた松村北斗
・滝沢秀明がSnow Manに告げたセリフ

★2nd Chapter　Snow Man
・岩本照が理想とする“リーダー像”
・深澤辰哉が積み上げてきた“夢”
・ラウールが抱えている“ある問題”
・“役者・渡辺翔太”を成長させた貴重な経験
・向井康二が“Snow Manに選ばれた”理由
・阿部亮平が気づいた“滝沢の真意”
・目黒蓮の前向きで貪欲な意気込み
・ホットなコンビ“ダテこじ”
・佐久間大介が目指す“アニメを超えた”高みへ

★3rd Chapter　SixTONES
・髙地優吾の向かうべき目標
・松村北斗が身につけたい“武器”
・田中樹がストイックなまでに追い求める“華麗なパフォーマンス”
・京本大我が見つめる“未来”
・“デビュー”に対するジェシーの本音
・ムードメーカー森本慎太郎が断言する“SixTONESのリーダー”

◆ 既刊紹介 ◆

SixTONES × Snow Man
―go for the TOP !―

あぶみ瞬［著］ ¥1,400円+税

**『“6つの個性がぶつかり合って1つの大きな力が生まれる”
――そんなグループになりたい』**〈ジェシー〉

**『Snow Man は一つの船で、その船に数え切れないほど
たくさんの夢や希望を乗せ、大海に船出する。
俺たちがどこに向かうかによって、
たくさんの夢や希望の“未来”も決まる』**〈岩本照〉

**今、“頂点”目指して駆け上る、SixTONES × SnowMan
彼ら自身が語った言葉と側近スタッフが明かすエピソードで綴る
SixTONES × SnowMan の“知られざる素顔”!!**

【主な収録エピソード】

★1stChapter　SixTONES

・“横一で歩いていきたい”リーダー髙地優吾の指針
・松村北斗のイメージと違う“意外な顔”
・田中樹流“ライバル”Ｓｎｏｗ Ｍａｎとのつき合い方
・『バカレア組』こそが原点――京本大我の想い
・“今の自分たち”を見て欲しい！――ジェシーの願い
・『鉄腕ＤＡＳＨ』――ＴＯＫＩＯから森本慎太郎へ

★2ndChapter　Snow Man

・岩本照がデビュー直前に見た夢
・深澤辰哉の“アクロバット”への強いこだわり
・ラウールが上る“世界的なアーティスト”への階段
・渡辺翔太はSnow Manを引っ張る“社交性オバケ”
・向井康二が“東京のバラエティ”に懸ける意気込み
・目指せ！ クイズ番組の“賞金ハンター”阿部亮平
・目黒蓮がSnow Manに吹き込む“新風”
・宮舘涼太の夢は“大河ドラマ出演”
・佐久間大介の“NGなし”で突っ走る宣言！

太陽出版

〒113-0033
東京都文京区本郷 4-1-14
**TEL 03-3814-0471
FAX 03-3814-2366
http://www.taiyoshuppan.net/**

◎お申し込みは……
お近くの書店にお申し込み下さい。
直送をご希望の場合は、直接小社宛にお申し込み下さい。
ＦＡＸまたはホームページでもお受けします。